The Mother of
Refugee Education

MIRAE
BOOK

Sakena Yacoobi

Editing and Printing by : The Sunhak Peace Prize Secretariat Office
Published by : Mirae Book
Printed by : Kwangil Printing Enterpriser Co.
Design by : Design feel
Published Date : January 2018

Copyright © 2018 The Sunhak Peace Prize Foundation

ISBN : 979-11-88794-03-4 03300
Price : 15,000won

The Sunhak Peace Prize Secretariat Office
14F Dowon Building, 34 Mapo-Daero, Mapo-Gu, Seoul, Republic of Korea 04174
Phone : +82)2-3278-5154 / Fax : +82)2-3278-5198

기획·편집   선학평화상 사무국
발 행 처   미래북
인   쇄   광일인쇄기업사
디 자 인   디자인필
발 행 일   2018년 1월 25일

ISBN : 979-11-88794-03-4 03300
정 가 : 15,000원

선학평화상 사무국
121-728 서울시 마포구 마포대로 34 도원빌딩 14층 / 전화 02-3278-5152 / 팩스 02-3278-5198

Sakena Yacoobi

The Mother of
Refugee Education

Sakena Yacoobi

Devoted her life to refugee education
and proposed a fundamental solution to
refugee resettlement.

Contents

Dr. Sakena Yacoobi
The mother of refugee education

Refugee problems today are a concern for all of humanity. Violence of all sorts, including wars and terrorism, has utterly destroyed human life in many countries, causing millions of people to leave their homes. More importantly, the mistreatment of children and the discrimination against women in those countries have reached a level that we can no longer tolerate.

Throughout the world, countless refugees are on the brink of death, struggling to survive in hunger and poverty. They are looking for new places to live, after being forced to leave their own homes and countries, suffering miserably in unfamiliar lands.

The Office of the United Nations High Commissioner for Refugees (UNHCR) reported in 2016 that the number of refugees who left their countries to avoid war and persecution has now gone up to 65.6 million people. This number increases exponentially every year.

What is worse is that most refugees' basic human rights and statuses aren't even recognized. With concerns in Europe that terrorist-related activities are disrupting the social order, and that many Europeans are finding it more difficult to find employment, some European countries are no longer accepting refugees unconditionally.

European nations are closing their doors, causing great suffering to the refugees in need. Even the United States, which used to be more embracive towards immigrants than other countries, is now more interested in pursuing national interests and has adopted a 'travel ban' policy.

Given the circumstances, the Sunhak Peace Prize Committee members asked, "How can we even talk about sharing a common human destiny if we turn our backs to the refugees who are undergoing incredible ordeals?"

If we don't act, the refugee crisis will remain a critical world issue for the next generation. We cannot let religion, race or ideology be the cause of armed conflicts. Any type of discrimination against refugees on those bases must end.

Thereupon, with the intention of bringing the refugee crisis to the world's attention and working to solve it, particularly the mistreatment of women, the Sunhak Committee chose Dr. Sakena Yacoobi as one of the 2017 Sunhak Peace Prize laureates.

Dr. Yacoobi could not ignore the tragedies of the wars in Afghanistan, where she was born and grew up. She made great contributions to solving the problem of refugees, who are mainly comprised of women and children. The refugee crisis has grown and now affects many other parts of the world.

Dr. Yacoobi asserted that "Refugees are also human beings, and therefore they also have human rights," furthermore stating that "We need the active involvement and support of the international community. In order for these refugees to be able to settle down, to regain their confidence, worldwide joint efforts are absolutely necessary." With this in mind, she has dedicated her life to leading the cause of refugee education.

The Sunhak Committee wishes that all readers of this book will cheer and support Dr. Yacoobi's aspirations, that peace will come soon in all countries where wars are still prevalent, and that we shall be able to once again hear the laughter of innocent children and the smiles of women fulfilling their dreams.

August 2017
Sunhak Peace Prize Committee

Devoted her life to refugee education
and proposed a fundamental solution to
refugee resettlement.

From Peace into the Vortex of Tragedy

1. Peace in Afghanistan is now but a memory

Dr. Sakena Yacoobi recalls, "My life in Afghanistan as a young girl was happy. My family and community were very precious to me. Our life together was joyful. We often spoke with the elders, who gave us many words of wisdom every day. My aunts, uncles, grandmother and other family members lived together, doing different things. It was truly a beautiful life then.

"Of course, we were poor, and so was everyone around us. But that didn't mean we weren't happy. There was always something to do in the village, big or small, so every day was filled with joy for everyone. Grown-ups would give us children small gifts, and we sincerely respected and honored them. That is what I remember about my childhood in Afghanistan."

Dr. Yacoobi was the first to be born of 15 children, in Herat, Afghanistan. Her country wasn't rich, and living conditions weren't comfortable, but she was happy with her family and neighbors. Although people had little in terms of material possessions, it was a peaceful time when people weren't killing one another with weapons of war.

From the mid-1950s to the beginning of the 1960s, Afghanistan was developing, gradually accepting the Western concept of a contemporary lifestyle. The nation was peacefully growing in its own way and at its own pace.

Dr. Yacoobi recalls when, in 1954 (when she was four years old), she used to walk on a dusty road with her father on the way to the mosque past her town's marketplace.

"My father would always try to teach me something whenever we were together. He was the best supporter I ever had. He wanted me to receive an education, even though at that time no father would even think of doing such a thing for their daughters. In this aspect, my father was really a special and courageous man."

But in 1979, war broke out when the Soviet Union invaded Afghanistan. The peaceful and beautiful country that Dr. Yacoobi still remembers no longer existed. In fact, since the Soviet invasion 35 years prior, war had become prevalent in Afghanistan. Family members who could not escape got separated from one another: husbands and sons fought in those wars while mothers tried to protect their children by themselves.

Many people living in prison camps felt deeply betrayed, abandoned and ignored. They wanted to know what was happening to their country, but people neglected them. Through constant neglect, they had lost trust in humanity. They gradually withdrew inwards and tried to protect

"...in 1979, war broke out when the Soviet Union invaded
Afghanistan. The peaceful and beautiful country that
Dr. Yacoobi still remembers no longer existed. In fact,
since the Soviet invasion 35 years prior, war had become
prevalent in Afghanistan."

themselves for their own survival.

Dr. Yacoobi was a second-year graduate student in the U.S. when the Soviet Union invaded Afghanistan. She wanted to return to her home country and be with her family to help them in any way possible, but her parents insisted that she stay in America and finish her schooling. Reluctantly, she obeyed, but she was resolved to help war victims, especially the millions of women and children in her own country, once she was able to return.

Dr. Yacoobi said, "When the Soviet Union invaded my country, I became a refugee in America. I had no way to know whether my family members were alive or dead. But fortunately, they were safe, and after I finished my education I was able to bring them to America. Nevertheless, I did not feel peace in my heart. I knew that I had to return and help my people."

Dr. Yacoobi felt conflicted for continuing to study in America. She carried a burning sense of responsibility, as the first child, to return to her country and take care of her family. But it was the insistence of her parents that compelled her to stay and complete her graduate course. However, after finally bringing her family to America, she expressed her determination to her parents that she would return to Afghanistan:

"I remember my mother tearing up endlessly while holding onto me. Our family had at last reunited after many years, but if I returned to my country, we might have never been able to meet again. She feared this and did not want to part ways with me ever again. Yet my father understood my desire, and permitted me to return to Afghanistan."

Dr. Yacoobi's father suggested that instead of going straight back to Afghanistan, which was very dangerous at that time due to fierce fighting with the Taliban, she should first visit the refugee camps in Pakistan, where a large number of Afghan people were living. At the time, over 7.5 million Afghan refugees resided in Pakistan.

Dr. Yacoobi said in reminiscence, "I discovered who was really suffering after seeing my people living as best as they could, being generous even in such miserable circumstances. My heart ached, and I could not stop feeling pain for them. That's when I realized that the only thing that could change their lives was education. I believe that education is a fundamental human right for all human beings. I learned that the best way that I could help the refugees was to give them a chance to receive education."

When Dr. Yacoobi was growing up as a child, she personally witnessed the miserable life of many women in Afghanistan. She became determined to help those women change their own lives. Her resolution became the driving force that gave her the strength to help girls and women even in the midst of the dangerous situations they were living in.

2. A father's view on education

Dr. Yacoobi's father became an orphan after losing his own father at the age of five. Growing up, he learned whatever he could while trying to survive. By the time his first child (Sakena) was born, he had settled in his community as a self-made businessman whom people looked up to as their role model. Even though he had lived a difficult life when he was growing up, he had a strong conviction that his children had to go to school, regardless of gender.

In Muslim societies, not every man thinks that women should be educated. Traditionally, rather than participate in the workforce, outside the family, women are expected to stay at home, give birth to and raise children, do the housework and unconditionally obey their husbands. In fact, in some Muslim societies, women are obligated to live entirely for their husbands and children, and are forbidden from making their own life choices. This concept about women's role in society has not changed from when Dr. Yacoobi was a child. Most women themselves do not think that they need to be educated in order to find work, because they have been conditioned their whole lives to only live within the boundaries of their families. This isn't to say that supporting the family is not an important role for women, but it has given rise to a belief that they do not need formal education.

Dr. Yacoobi's father was a well-off entrepreneur and a respected man in his community. He was illiterate, but he was wise and he understood the importance of education. Therefore, he strongly believed that all his children had to go to school. He especially encouraged Sakena to develop a passion for learning. He sent her to his community mosque so that she could learn how to read and write. Later, he sent her to a formal school.

Dr. Yacoobi found great joy in learning. After graduating from high school, she told her parents she wanted to go to college and that her dream was to become a doctor and save people's lives, because she couldn't stand watching mothers bear many children while most of them died, or watching the mothers themselves die during childbirth.

When Dr. Yacoobi was young, there were no hospitals or clinics in her community. Moreover, in Afghanistan, there were no women doctors who could examine and treat diseases that affected women. People thought that going to the hospital was a last resort for dying patients. Because of this, she wanted to go to a medical school in Afghanistan. She passed the entrance exam but there were no dormitories for women at the University of Kabul. Fortunately, she started receiving acceptances from colleges in the United

States, so her father decided to let her study in America. He supported her in every way possible so that she could pursue her dream.

Dr. Yacoobi said, "My father was my greatest supporter. He was born and raised in Herat. Although he was not formally educated, he was knowledgeable, full of wisdom, open-minded, fair and honest. He was also reliable: people would ask him to help settle disputes they had with other people. Such a father gave his full support for me to pursue my dreams. He always cheered me on."

Her father's conviction of "education is life" changed her life entirely. She realized that a balanced education could improve people's lives and make them grow. It was the best way to bring lasting changes to the young and the old, male and female. Educated women could financially help their families and teach their children more effectively, and educated men did not mistreat the weak, especially women and children, and recognized their value more than those who were ignorant.

Dr. Yacoobi went to America to continue her education, with her father fully supporting her. She majored in biological science at the University of the Pacific in Stockton, California. She then went on to acquire a master's degree in public health from Loma Linda University in Loma Linda, California, and worked as a health consultant for a time, helping patients to choose which doctor or hospital to visit, and providing counseling in nutrition, exercise and hygiene. Particularly, Dr. Yacoobi was focused on helping women, who reminded her of the importance of women in the family and how women in her childhood hometown would suffer and die during childbirth. She also actively served in family therapy, providing consultation on prenatal care, childbirth, maternal and newborn care, and assisted in various health research projects such as geriatrics, cerebrovascular

"I love the Afghan people. I have to go back and see
their situation for myself."

diseases, hypertension, hepatitis, blindness and kidney diseases.

Nevertheless, Dr. Yacoobi could not shrug off the idea that she was not using her abilities to their fullest extent. She could not stop thinking that the place where she belonged was not America, but her own country. After many sleepless nights, she finally decided to end her 15 years of being in America and return to her homeland to help her people.

Dr. Yacoobi said to her parents and younger siblings, "I love the Afghan people. I have to go back and see their situation for myself."

As her father had recommended to her, before actually returning to Afghanistan she went to the refugee camps in Pakistan where many Afghans lived. She wanted to see what she could do for her people living in those refugee camps.

Her father had undeniable influence in her life. Although he had an unfortunate childhood and lived as an uneducated man, he wanted his children, through education, to become people who could raise and protect their families. Her father's deep insight and wisdom was eternally engraved in Dr. Yacoobi's mind.

3. The treacherous refugee camps in Pakistan

After the Soviet Union's invasion of Afghanistan in 1979, many Afghan people had to flee their country. Many went to neighboring Pakistan or Iran to live in the refugee camps. Dr. Yacoobi's family was among them.

At the time her parents became refugees, Sakena was in university. Despite having a full scholarship, she was struggling financially to support herself and to save enough money to bring her family to the States.

Dr. Yacoobi's heart was always uneasy. She would check the news every day about her country to find out what was happening. Every time she did, it was as if her heart was torn up in a million pieces. Though she was safe in America, having obtained a master's degree and with a well-paying job as a consultant and a professor at D'Etre University, she wasn't happy. Her

"7.5 million people were living in the refugee camps in
Pakistan. 90 percent of them were women and children;
the men had either been killed during the war or were
still fighting."

soul was with her people in Afghanistan.

Following her father's advice, she went to Pakistan, where many Afghans resided in refugee camps, and began her humanitarian work under the International Rescue Committee. In working with the refugees and helping them, she devised ways in which she could help her people in Afghanistan.

7.5 million people were living in the refugee camps in Pakistan. 90 percent of them were women and children; the men had either been killed during the war or were still fighting. Under those circumstances, what Afghan people at the camps feared the most was not the shortage of food and clothing, but war itself. In addition, they were exposed to all kinds of dangerous acts of violence. Human rights for women and children were non-existent in the camps. Without their husbands and other male relatives, Afghan woman desperately clung to their children to protect them from any harm.

Every single day during her stay at the camps, Dr. Yacoobi witnessed the unacceptable. On one day, she saw a widow who could not stop agonizing over her eight young children: they had no place to go and no place to play or study; they did not even have a decent shelter where they could live.

Boys who had lost their own fathers had no choice but to become the head of their families, and support and protect them at the age of ten or even younger. They toiled to protect their siblings and mothers the best they could.

Having witnessed those circumstances with her own eyes, Dr. Yacoobi firmly believed that wars were unjustified in any situation. Wars were destroying Afghanistan's culture and tradition.

Dr. Yacoobi stated, "When I saw my people at the Pakistan refugee camps for the first time in 1992, I could not believe what I was seeing. I knew nothing about their situation when I was attending school in America in the 1970s. So, when I first encountered them at the refugee camps, I was stunned. They were not the Afghan people whom I used to know. They were deeply wounded and had no direction in their lives. But more than that, the most painful thing to me was that they had lost all trust in anyone."

Dr. Yacoobi decided to do something with the people at the Pakistani camps. She realized that what they urgently needed was not clothes, food or shelter, but empowerment and the conviction to pick themselves up from misfortune. What prevented them from doing that was the lack of education and open-mindedness. The ensuing wars in Afghanistan had destroyed its culture, its educational systems and its healthcare, blocking the people's path to self-sustainability for themselves and for their families. All that they knew was war, and all they cared about was surviving.

Everything in Afghanistan was ruined. The Afghan people did not even have an adequate government that could rebuild the nation. Refugees were fighting among themselves. They lost their homes, they had no jobs and they had no idea of how to continue on with their lives. All forms of social order had collapsed, replaced with war and devastation. They even forgot how to differentiate between right and wrong. All that became the new norm.

"The situation was truly hopeless," said Dr. Yacoobi, "Whenever I thought of my people, I felt as if my heart was exploding into pieces. I did not know what to do. I contemplated, 'What should I do for these people? What can I do? How can I ever help them?'"

Dr. Yacoobi looked frantically for something that she could for the refugees, even asking the people themselves what they urgently needed. Then, finally, she came to understand the heart of the problem. What they needed more than even food or clothing was safety and stability in their lives. So Dr. Yacoobi decided to create a program that would help them attain those things. At the same time, she understood that education, healthcare services and vocational training was essential for the reconstruction of and resettlement into their homeland. Above all, she realized that it was imperative for them to establish the foundation for their own lives to recover the peaceful society they once enjoyed.

4. Establishing the first refugee school with a Mullah

"The education that I received changed my entire life. It gave me status, confidence and a career. It enabled me to support my family, made me move back to my country from America and provided me with security. That is why I believe that what I should give to my people is also education," said Dr. Yacoobi.

To her, it was clear that women refugees needed education and healthcare the most. But in reality, those were the most difficult things for them to acquire, because at that time the Taliban thoroughly prohibited girls from receiving formal education in Afghanistan. Moreover, people had lost the ability to trust their neighbors because of the Soviet invasion. They were afraid of anyone unknown who approached them.

Dr. Yacoobi realized that her priority had to be gaining her people's trust. It was more important than anything else. Unfortunately, in the beginning, no one understood her motivation, let alone trusted her. She went from camp to camp, talking to the elders of each one until she finally met someone who understood her. The man whom she met was a Mulla. He was an honorable man who was well respected in his community. Dr. Yacoobi asked him whether he wanted girls at the camp to be educated. He understood that even if girls wanted to learn, it would not have been easy to put that idea into practice. He was uncertain whether the Islamic community would allow women and girls to be educated, or if they did how long they could continue to be educated safely.

Before Dr. Yacoobi returned to Afghanistan, the Soviet Union had forced education on Afghan women in a way that was against the Afghans' faith and culture. Because of those horrendous experiences, the Afghan people believed that education had to be prohibited for women, and also that all Afghan teachers were trained in the communist system. Consequently, they did not even trust teachers.

Dr. Yacoobi asked the Mullah, "Do people at this camp trust you and your family?"

His said yes. She then asked him, "Then can you teach people here?"

He was surprised to hear her proposal; he replied that was a respected member of his community, but that he wasn't a teacher. His response held no significance to her, though, and she returned with "I can train people to be teachers here. If you are willing, I can make you into one."

Taken aback, the Mullah asked for some time to reflect on her proposal. After one week, however, he sent a message to her that he had decided to receive training to become a teacher. The Mullah and his family opened the first school in the camp in their own home. For the following three months, Dr. Yacoobi trained him to become a teacher. His wife, daughter and daughter-in-law also participated in that training.

As time went by, the Mullah's family prepared to become teachers equipped with the necessary qualifications. Initially, Dr. Yacoobi started her training program at the Mullah's home. But as the number of female students increased, they required a larger workspace. So, they moved into a large tent, where the number of new female students eventually grew so that there were seven classes held at different times.

This is how the first school at the refugee camp began: a small, quiet group of people with the Mullah and his family members and some community members who later joined as students. Thanks to their courageous acts, other refugees took notice of how a new hope was budding at a place where there had been none.

Although her school began small, Dr. Yacoobi experienced a great change at the camp as it grew. From 1995, with the support of the refugee camps' leaders, she began training people to become teachers. The teachers indiscriminately accepted all students, boys and girls, and life at the refugee camps slowly began to pick up.

At that time, the refugees were subject to different rules and regulations. There were the regulations imposed by the UNHCR, those by the Pakistani government, and those of various other groups. Since Afghanistan did not have a functioning government with clear laws and systems at that time, the refugees had no way to particularly deal with education and healthcare.

Dr. Yacoobi strove to help those refugees to gain purpose and to inspire them to find something righteous and moral. Many came to understand universal principles and gradually learned to apply them to achieve purpose in their lives, thus inspiring hope that they could see a better future despite their harsh living conditions.

"The education that I received changed my entire life. It gave
me status, confidence and a career. It enabled me to support my
family, made me move back to my country from America and
provided me with security. That is why I believe that what I
should give to my people is also education."

"The Mullah and his family opened the first school in the camp
in their own home. For the following three months, Dr.
Yacoobi trained him to become a teacher. His wife, daughter
and daughter-in-law also participated in that training."

Building Afghanistan's Future

1. Establishing the Afghan Institute of Learning

In 1995, Dr. Yacoobi established the Afghan Institute of Learning (AIL), with its office in Peshawar, Pakistan, at the camps to educate the Afghan refugees.

Dr. Yacoobi had several reasons for founding AIL. For one, in 1995, foreign aid to Afghanistan and Afghans in the Pakistani refugee camps began to drastically decrease. Also, the Afghan people's distrust in other nations had severely worsened after the Soviet Invasion. In order to restore Afghan communities, the support of its people was absolutely necessary.

Most children who lived in the refugee camps in Pakistan were not put there temporarily, unlike the refugee camps in Africa. Once they were in a Pakistani camp, they were stranded there for life. Since Afghans and

Pakistanis were bound to live together, it was necessary to narrow the gap between their educational systems, which were substantially different in terms of content and style. Needless to say, the people in Afghanistan also needed continued support for their education.

One day, a woman with three children knocked on Dr. Yacoobi's door and begged for money. Dr. Yacoobi said, "I am not a humanitarian who just gives money out to people, but I can give you an education. If you need money, you can cook for us, but on the condition that you send your children to our school."

That woman then said to Dr. Yacoobi that she could not let her children go to school because her children also had to make money by begging on the streets.

"Then I cannot help you," said Dr. Yacoobi and turned them down.

The mother who was begging with her daughter and two sons reluctantly walked away. A few days later, Dr. Yacoobi heard someone knocking on her door again. It was the same woman who had begged for money the other day. This time, she willingly agreed to send her children to school. So began her work as a cook and her children's education at AIL. Years later, that woman's daughter graduated from a high school run by AIL. Afterwards, she became a midwife and worked at an AIL clinic. She then continued her studies at a nursing school and is now working as a nurse for a program that Dr. Yacoobi is developing, while financially taking care of her mother and two brothers.

The story of the lady and her daughter underlines the importance of AIL's educational role and the impact it is making. From this example, we can see how a seemingly small change of one person's attitude can bring a huge change not only to the life of that one individual but to that individual's

"In 1995, Dr. Yacoobi established the Afghan Institute of Learning (AIL), with its office in Peshawar, Pakistan, at the refugee camps to educate the Afghan refugees."

family and eventually to the community and the entire nation.

Here is another example: There was a girl whose father initially did not want to send her to AIL, reasoning that it was not safe to send her to school. One year later, he finally permitted her to attend an AIL school. After she completed her course and had learned to read and write, she returned home and began a customized educational program in her village (with her family's permission), which catered to each girl's needs. Individuals like her help Afghanistan revive, one person at a time, to create a community and a nation that provides equal opportunity for everyone, especially in education.

However, Dr. Yacoobi does not give education only to individuals at a time. She seeks to educate whole communities, to help them benefit themselves and their nation. Thus far, she has provided educational programs, vocational training, and health services to 14 million people (as of 2016) through the Institute she had personally founded.

Thanks to her dedication, Afghans are gradually experiencing change. Individuals are studying at AIL and then use its educational system as a prototype to launch their own projects.

As previously mentioned, when she started working with the refugees, Dr. Yacoobi visited each of the refugee camps in Pakistan. She conducted surveys, from which she discovered that the most important thing the refugees needed was security through education. Education was the field in which she was the most capable and the most confident. Furthermore, it was the best way to elevate the refugees' self-evaluation and self-esteem as human beings.

Dr. Yacoobi said, "If you ask me what I'm most proud of among the things I've achieved in my life, I would say it was helping to rebuild an educational system for Afghanistan, particularly for those who had not had a chance to be educated."

Dr. Yacoobi extended educational opportunities to refugees who had lost everything, and launched educational and health centers, together with the communities she worked in, to rebuild societies and eventually the nation of Afghanistan. Currently, community centers built throughout Pakistan and Afghanistan have a relatively diverse range of programs, supported by the AIL; among them, the most active programs are English and computer classes.

Community members in a village near Kabul donated their own land to support AIL for the construction of a medical clinic. Also, a girl offered her own room as a temporary classroom until a girls' school, now under construction, was completed. As space was running out for girls to attend class, local educational authorities made an unprecedented proposal: they allowed the girls to study at a boys' school during the afternoons. In addition, the educational authorities requested that AIL train its community teachers so that other children could receive the same quality of education that children were receiving from AIL.

Afghanistan is gradually returning to the state Dr. Yacoobi remembers as a child. Families are ensuring that their children are properly educated, and parents are even teaching them outside of school hours. They are learning how to cope with the dangerous conditions that exist in today's world, and are taking big strides to build freedom in their country.

2. The underground schools

On October 1994, during the time when Afghanistan was ensnared in political corruption and conflicts between various warlords, an armed group of 15,000 ultra-conservative Sunni Islam students surfaced in Kandahar, soon to be known as the Taliban. They were armed guerillas who, in the name of Islam, committing horrendous acts of violence and control over women and children. Their insurgency in Afghanistan resulted in a long civil war in which they had seized over 80 percent of Afghan territory under their control until they were pushed back, but not permanently eliminated.

The Taliban had reached the peak of its power around the time when Dr. Yacoobi established AIL. Afghan women suffered the most severe violations of human rights under the Taliban. They were forced to put on burkas to conceal their entire bodies, even in their homes. If a woman was caught not wearing a burka, she could be brutally beaten or even put to death. Additionally, the Taliban prohibited women from going outside of their homes, whether to school or to work, unless they obtained permission from their husbands. With their human rights stripped from them, those women could not live normal lives.

Prior to 1994, at least a few girls were able to go to school. But once the Taliban seized power, education for girls was completely banned, and all schools for girls were closed. The extremist insurgents persecuted women to such an extent that gradually the group lost favor of the Afghan people.

The Taliban knew that education made people think, which they saw as a threat to their authority. So, they denied them the right to learning, making them easy to control, like puppets on a string. Not only that, but the fact that educated persons seek progress and development went against the Taliban's ultra-conservative, anti-women ideologies. So, they did all they could to prevent women from improving themselves.

The Taliban closed all the girls' schools in Afghanistan, but they could not take away the zeal of the teachers who were dedicated to teach women and girls. Those teachers heard about Dr. Yacoobi's organization and asked her if she could support their efforts to establish alternative schools. She immediately responded and opened underground schools, led by female teachers, in many Afghan communities.

That move was extremely risky. If they were discovered by the Taliban, all who were involved – girls, their parents and teachers – would have had to endure imprisonment or even execution. In fact, such brutalities were common from the Taliban; they were effective in keeping girls under the shackles of ignorance.

Despite the risks, Dr. Yacoobi and her teachers opened the underground schools. Many girls wanted to continue studying, and devoted teachers wanted to continue teaching them. The risks that both the girls and teachers faced were beyond imagination. Girls had to come to their teachers' homes individually at different times, wearing burkas, while teachers and parents came up with various measures to protect the children. Community residents also held regular meetings to discuss how to protect the children and the teachers. It took the support and cooperation of entire communities to ensure the girls' and teachers' security.

One day, Dr. Yacoobi was at her office in Peshawar when, all of sudden, a staff member ran into her room, locked the door and exclaimed, "Run away! Hide quickly!"

Dr. Yacoobi was dumbfounded, but she remained composed in the face of imminent danger. She unlocked the door to receive whoever was looking for her. As she did, nine men barged into her office.

"What can I do for you?" she asked calmly.

They were Taliban militants, all wearing black clothes with black turbans around their heads. She politely offered them tea, but they refused, and stared down at her and asked, "What are you doing here? Don't you know that girls aren't allowed to go to school? What are you up to?"

Dr. Yacoobi, wearing the black hijab from her head to her feet, stared straight back and said, "School? What school are you talking about?"

Although Dr. Yacoobi was trembling in extreme fear, she held herself up quite well. As she spoke to them, they pressed harder, "You are teaching girls right here, aren't you?"

She responded, "This is a residence. The people who come here study the Quran. If women study the Quran, they become better wives for their husbands. Don't you think so?"

The men looked at each other and whispered in Pashto. Then, they said, "Let's get out of here. It seems that there is no problem here."

When they were about to leave, Dr. Yacoobi again offered them tea. This time, they accepted, and even engaged in conversation with her. When her staff members rushed to her room and saw the Taliban members having tea with her and talking in calm voices, they could not believe what they saw. They could not figure out why they were talking in such an amicable atmosphere. Nevertheless, they were relieved and rejoiced with Dr. Yacoobi after the Taliban left. Dr. Yacoobi herself was also grateful that she came out alive.

Such were the risks that Dr. Yacoobi had to face. But despite them all, and thanks to the immense, united dedication of all the communities, AIL sponsored 80 underground home schools in 5 provinces for 3,000 girls, between grades 1 and 3, in Afghanistan without incident. 14 years later, the students who received education at the underground schools are now pursuing higher education at various universities.

After the Taliban government collapsed in 2001, and its policies against women's education were lifted, Dr. Yacoobi closed the underground schools and helped transfer the children to public schools or the newly opened Women's Learning Centers (WLC). Teachers who had taught children in the underground school returned to public schools. As AIL began moving its programs into Afghanistan, small rural communities that had heard about WLCs in the refugee camps, asked AIL to open more Learning Centers in their communities. Now, girls, mothers and grandmothers study together to read and write, and to learn to become leaders for peace. Yacoobi found ways to work together with the community members to ensure that they and the students could develop in tandem with one another. In this way, she continued expanding the scope of WLC's activities, women's clinics and various workshops, under the umbrella of AIL.

After the fall of the Taliban, and as the new government began opening schools for children, AIL opened more Learning Centers in small cities and villages for those who had not had a chance study, but who were too old to go to school.

"...thanks to the immense, united dedication of all the communities, AIL sponsored 80 underground home schools in 5 provinces for 3,000 girls, between grades 1 and 3, in Afghanistan without incident."

3. The Mobile Literacy Program

The illiteracy rate in Afghanistan is almost 90 percent, the highest in the world. Among those ages 15 and older, only 28.1 percent can read and write. The literacy rate for women is even lower: 12.6 percent. In this highly technological age, one cannot survive without knowing how to at least read and write.

To solve this formidable problem, Dr. Yacoobi developed a unique literacy program that uses cell phones, the Mobile Literacy Program. The purpose is to help students learn outside the classroom by transmitting lessons to each student's phone via text message.

Before launching the program, Dr. Yacoobi studied how to input answers to questions on a mobile phone, to see how best to implement mobile phones in education for the illiterate. She then launched test runs for the program between May 2011 and May 2012, selecting 50 student participants from two AIL educational centers. The students were provided with cell phones equipped with 2G cellular networking, SIM cards and notebooks. The students developed their reading skills through the SMS messages they received, and writing skills by replying to those messages. Every two months, they attended an evaluation session, during which time they were given further lessons and participated in research work that monitored their progress.

The results were outstanding! 83 percent of the students who completed their four and a half-month literacy and text-messaging course made remarkable progress. At the end their course, most students developed reading and writing skills up to 4th grade. They developed their abilities, in what would have usually taken 18 months, in only 4 and a half. This innovative method shortened their learning time by more than half. It was a success beyond expectation.

In addition, the program not only helped students learn to read and write, but it also allowed them to communicate with their families and access information that they had never had before, and laid the foundation for computer and ICT courses. Furthermore, it provided the students with several different communication tools they could use during emergencies, enhancing their ability to guard their own safety. The program was especially valuable to woman and girls, whose needs were neglected by the government. After this project was over, one of participants submitted the following reflection:

"I am Sabera. I am 22 years old and married with two children. Before attending the class, I always wanted to learn writing and reading because

"Dr. Yacoobi's method of using cell phones can be used to solve illiteracy in other nations as well. To Afghan women, though, the value of her method is much more significant. They are not limited to only learning how to read and write, but they can now also build their own networks to exchange ideas and information with others and to share their hopes and dreams."

I felt embarrassed and ashamed all the time that I couldn't do it. I did not enjoy my life, but since coming to this class, my life has changed and there is nothing I am ashamed of now. Besides, I am very proud of myself that I can handle my own daily problems. I can read, write, count and communicate well. Today I realize the value of knowledge. I am no longer the blind and mute. I can enjoy my life. I am definitely going to attend regular school after this class and make a bright future for myself and my children."

However, implementing this program was not as simple as it sounds. Dr. Yacoobi's greatest concern was whether Afghan culture could embrace a product of modern civilization such as the cell phone. Not only that, but internally, animosity were prevalent in Afghanistan against the former Soviet Union. The Afghan people held the same feelings against America for its invasion after 9/11. Violence, fear and doubt all contributed to Afghanistan's ultraconservative sentiment, which people desperately held onto in hopes of returning to the good old days.

This is what happened to the Afghan people. Their way of being conservative was to alienate themselves from the outside world. Men blocked women and children from receiving education and healthcare benefits. It was their way of protecting themselves. Just as parents would not allow their children to go out whenever a school was burnt down, the Afghan people would hide their children in their homes when outsiders came.

From their cultural perspective, they even regarded cell phones as dangerous. They feared the dangers foreigners could pose to them if cell phones were introduced to their communities. As a result, even those who supported Dr. Yacoobi's education programs were averse to letting their own daughters have cell phones.

Despite all this, the women who participated in Dr. Yacoobi's programs could communicate with the entire world by using text messaging, and through it, they could acquire information and knowledge like women in all parts of the world. They were given the same opportunity to stand on an equal footing with the world: to learn and experience what others were able to learn and experience.

When children returned home, they taught their mothers how to use cell phones, so they could communicate with family members and neighbors. One girl student said, "Before I took this course, my mother did not know how to use a cell phone. I taught her everything that I learned. She is now able to communicate with anyone without my help."

When teaching started through text messaging, the main objective was to teach women how to read and write. Once they learned how to use cell phones, a new way of communicating with people was opened up to them, to speak with any of their relatives and friends. Given the fact that women were alienated from the outside world for so long, learning how to use a cell phone opened a new world to them. They can now communicate with people without even needing leave their homes.

During the test period, those who were part of the program answered questions from their teachers with their cell phones, during which time they learned reading and writing. Through this process they learned this new means of communication. One girl shared her reflection about what she learned through this program, "I made eleven friends during this course, and now I can communicate with them any time with my cell phone."

Dr. Yacoobi's method of using cell phones can be used to solve illiteracy in other nations as well. To Afghan women, though, the value of her method is much more significant. They are not limited to only learning how to read and write, but they can now also build their own networks to exchange ideas and information with others and to share their hopes and dreams.

Now 85 percent of Afghan people can obtain and use a cell phone. However, among them, only 3.5 percent have regular access to the internet. Internet users are increasing in number, but overall usage is still relatively low. Outside the main provincial capitals, most Afghans live without computers or even electricity.

4. Meeting the needs of the communities

Dr. Yacoobi stated, "What kind of education do you think the refugees need? We can teach them how to read and write, but in Afghanistan that is not enough. I believe that the best way for AIL to help the refugees is to teach them to develop critical thinking skills so they can communicate with others. They can ask questions, they can think of different ways to deal with difficult problems, and then find ways to resolve those problems. That is our goal. So, we developed a program to teach the refugees how to develop critical thinking."

Due to 32 years of war with the Soviet Union and with the Taliban, the Afghan people have forgotten how to think independently. The wars destroyed their ability to think for themselves and made them constantly live in fear.

However, after Dr. Yacoobi established AIL, people gradually began to acquire critical-thinking skills which changed women from being submissive and passive to being more subjective, participating in classes, asking questions to teachers, interacting with other students, and taking more active roles with their families and their communities.

As of now, Afghanistan is still at war. Bombs still explode and violent crimes such as kidnapping and arson continue. The only way to bring peace to that nation is through education. People have now begun to realize this truth.

Dr. Yacoobi is optimistic that through education, the Afghan people will be able to trust one another and live as a community once again, and have the confidence, knowledge and skills necessary to build peaceful and prosperous lives.

The education that Dr. Yacoobi is providing at the refugee camps set a standard for those who are living in similar environments. In her mission to educate her people, she constantly teaches that the universal principles of fairness, morality and justice are what can transform the nation and solve the refugee crisis. She also teaches that all human beings are equal — both men and women. No one has the right to dominate others, no one has the right to hurt or take innocent lives, and no one is above others because of status.

Some might ask why refugees need to be educated while they are struggling just to survive. Some are content to maintain their current lives and don't see the need to open a book and study. However, the present implies that there is a future. That is why they need an education for the future.

The following story shared by Fatima makes us reflect upon the true meaning of education. At the age of eight, Fatima was sent by one of her

"I believe that the best way for AIL to help the refugees is to teach them to develop critical thinking skills so they can communicate with others. They can ask questions, they can think of different ways to deal with difficult problems, and then find ways to resolve those problems. That is our goal."

"Open-mindedness stimulates constant changes for the better. My hope is that people will be able to elevate themselves, their families and their communities, and pave the way for a better life for future generations. Educating refugees is our common responsibility that we must carry out to end this crisis once and for all."

relatives to a girls' orphanage in Herat. Her parents had both passed away and she had no siblings. Her life was full of miseries — she felt hopeless. Then, one day, she came across an AIL Women's Learning Center, which taught computer skills and garment-making.

Fatima enrolled in school, with the help of many people, and attended courses that she was interested in. Now, Fatima is an 8th grader, and she excels in computer skills and garment-making. She now teaches at a garment-making educational NGO in Herat, and also helps her students learn to use computers. Since she gets paid every month, she can live without needing to depend on others. Fatima thinks that joining AIL was the best thing that could have happened to her. She plans to finish high school, all the while helping young children with their school work. Eventually, she wants to go to college and fulfill her dream of becoming a teacher.

Thus far, Dr. Yacoobi and AIL have opened 44 training centers in Herat (Afghanistan) and Peshawar (Pakistan), with the goal to improve the lives of refugees by providing holistic educational opportunities for students from kindergarten through university. In 2015 alone, AIL taught 24,891 students, including 16,583 women. Classes are conducted with a wide variety of subjects, and the curricula follow a democratic, community-based procedure that takes into account the needs of all.

The curriculum includes mathematics, reading, Arabic, English, physics, chemistry and vocational training to learn sewing, computer skills, Afghan crafts and artistry, basic teaching and more. Students can also take workshops in healthcare, leadership, democracy and confidence-building.

The lively learning centers are filled with bright ideas, and are places of exchanging and sharing of those ideas. People who used to stay indoors as recluses are now actively involved in their communities as innovators. They are introducing people to new ideas and ways to act upon those new ideas. They are awakening their own potential and helping others discover theirs. Bringing changes to people becomes easy once they open their hearts and minds.

There are a few in Afghanistan who view studying as a luxury — an unnecessity. But Dr. Yacoobi thinks otherwise: "Open-mindedness stimulates constant changes for the better. My hope is that people will be able to elevate themselves, their families and their communities, and pave the way for a better life for future generations. Educating refugees is our common responsibility that we must carry out to end this crisis once and for all."

5. The teacher training programs

AIL's main goal from the beginning was the train teachers who would teach the refugees, because well-trained teachers are necessary to raise individuals who can solve problems. That is why AIL's seminars and workshops focus on enhancing the quality of lectures and providing a variety of the most up-to-date data and information. Its trainings cover a wide range of themes and topics, but focus on helping teachers understand their students and prepare them for situations that may arise in the classroom.

During teacher training, trainees learn to share ideas with other teachers, strategize their lessons, restructure and improve their classes, better communicate with their students and respect the rights of each individual. On the part of the trainers, they not only provide their own educational materials for the trainees to learn from, but they share their knowledge and experiences with them through discussions and proposals, and offer strategy and activity advise.

When trainers lead a discussion, they teach the trainees how to respond open-mindedly and how to create a free-spirited classroom atmosphere with mutual interactions between students and teachers. Trainers also visit the classrooms of new teachers to help them apply new teaching techniques that they've learned during teacher training.

To complete AIL's seminars, trainees must learn to use the new techniques from the trainers. Also, during those training courses, frequent discussions take place regarding human rights and peace. Teachers are encouraged to lead their classes in such a way that students can naturally come to respect the rights of all people.

AIL's teachers do not use violence or threats against the students. Instead, they invite the students to get involved in the planning process for each class. During the workshops, teachers learn how to motivate students, how to respect others' thoughts, how to nurture everyone's talents, how to develop their critical thinking and how to help others. They also learn formalized classroom planning, goal setting and youth psychology.

Teachers are trained to motivate and stimulate students to learn by actively participating in question-and-answer sessions, small-group activities, role-modeling, public speaking, giving positive feedback to the students, visual presentations and student-led classes. They also discuss potential issues that can come up during a class and how to resolve them.

In 2015, AIL held 46 seminars to train teachers. 862 teachers attended, of whom more than 50 percent were women. AIL even held teacher-training seminars in Ghor province, Afghanistan, where people say that one must carry a gun to survive. Not only that, but since Ghor's market products were imported, it was an expensive place to live in. In that place, 90 college students and school teachers, including 30 female participants, attended three 12-day training seminars. Teachers who had insisted on their own methods of teaching gradually changed their perspectives after attending those seminars. The seminars were so successful that on one of those days an additional 40 participants, other than those who had registered for the seminars, attended.

AIL's teacher training programs attracted many teachers from provinces beyond Herat and Kabul. Even the Afghan government is paying keen attention to Dr. Yacoobi's teaching methods, and is implementing them in its own systems. Furthermore, Dr. Yacoobi's contribution in the field of education has won her internationally acclaimed awards. Her Fundamental Principles of Education earned her the title of Mother of Refugee Education. It also led her to receiving the 2015 World Innovation Summit for Education (WISE) Award in front of an audience that included Michelle Obama and a host of education experts from around the world. She also won the 2016 Harold W. McGraw, Jr. Prize in Education, an award that honors outstanding educational innovators.

Dr. Yacoobi's principles of education were not based on pre-existing theories that she had studied. Rather, she discovered them together with those she worked with. In the beginning, she lacked the time and money to invest in research. So, it took trial and error for the teacher trainers to get acclimated into the field of education and healthcare, firsthand. They came up with ideas and learned how to deal with any situation appropriately. They then held discussions on what was important for Afghan culture, tradition and religion. Through those challenges, they formulated the educational guidelines that they felt the Afghans could readily accept. Those educational guidelines are:

1. Human beings have the basic right to health, hygiene and education;
2. Human beings should live free, think independently and live together in harmony;
3. Human beings should treat each other with equality and dignity, respecting each other's cultures;
4. We support the members of grassroots movements in the decision-making process for our student programs;
5. We hope that people will make their own contributions to the schools and clinics, with a sense of ownership for the projects that they are involved in

Students who followed those guidelines unanimously agreed that "We feel very fortunate to be taught at this educational center because of the teachers' warmth and support. AIL teachers are kind and helpful and take time out of their own schedules to help us solve our problems."

One student reported, "I began by taking a class to overcome illiteracy. I can now read and write on the level of an 8th grader. We feel safe at this learning center, and the WLC teachers are very kind."

A newly trained teacher shared her reflections after attending a teacher-training session: "The trainers' words and attitudes are a good example for me. I learned many useful educational tools from them. My own classes are doing better thanks to the training I received."

At the learning center, students not only study from well-trained teachers, but they also cultivate critical-thinking skills, learn how to open their hearts and minds towards others, and gain wisdom from morals and ethics. Students who study in an atmosphere of mutual respect will grow into good citizens and make contributions that will transform Afghanistan into a democratic nation that will care for its people.

6. What about the boys?

One day, in early 2002, when Dr. Yacoobi was heading towards Kabul
with four of her educators and one bodyguard, a group of young boys stood
in their way, each carrying a rifle. The driver rolled down the window and
asked what they wanted. One of them answered, "It has nothing to do with
you," and then pointing at Dr. Yacoobi, "We want to speak with her."

Dr. Yacoobi's bodyguard stepped out of the car and confronted them,
"What do you want?"

They again refused to speak to him and insisted that they speak with
Dr. Yacoobi. The female educators in the car began screaming. Dr. Yacoobi
was also trembling with fear. She couldn't help but think that that was the
end of the road for her.

But, just as she had faced dangerous situations in the past, she had to muster her inner strength to stay calm and focus on her strong conviction of saving Afghanistan. She finally stepped out of the car and asked, "What do you want from me?"

They said, "We know who you are. We also know where you are going. You come here every day to train women. We heard that you give them an education and even a chance to work. But what about us? What do we have to do to also be taught and trained?"

Dr. Yacoobi, surprised at their remarks, said, "I do not know."

They replied, "All we know is how to kill people with guns. That's all we know."

Dr. Yacoobi did not know how else to respond. The boys let Dr. Yacoobi's entourage pass, but when she stepped back into the car, she switched destinations and went back to her office.

Upon returning to her office, all of her educators that were with her fled back to their own homes. No one else stayed in her office, other than her bodyguard. Her entire body was trembling and she nearly lost her voice. She sat at the table and mumbled to herself, "What should I do? How do I solve this?"

Then, all of a sudden her answer came in the form of a telephone ring. It was one of her major donors who was financing her educational programs. She explained what she had experienced to the donor, to which the donor said, "The next time you meet them, please help them. We need to help them."

So she did. Two days later, Dr. Yacoobi went to the same spot where she had first met those boys. They stood a short distance away from the last spot; she walked towards them and said, "Alright, you can come with me.

"Education changes people. By receiving education,
people learn that men and women are equal and are
entitled to equal rights and opportunities."

But there is one condition: you have to obey everything that I tell you."

They agreed. Dr. Yacoobi took them to a mosque and requested a teacher for them. Those young men, whose only education and training was how to kill people, soon became the best and most willing students. They learned how to read and write, took up English and computer classes, and even took a training course to become teachers themselves. They also served Dr. Yacoobi directly as guides through the steep mountain ranges of which they were familiar. As of now, those boys have become excellent educators themselves.

Though Dr. Yacoobi founded AIL to educate both girls and boys, AIL's main focus and expertise were geared towards girls. In fact, many international organizations focus on educating only girls and women from developing nations, because they view them as more needing in education more than boys and men. However, as a result, proper education for males often became neglected.

Dr. Yacoobi agonized over this problem for a long time. Of course, it is important to educate girls and women, but it is a mistake to exclude boys and men. To correct the practice of excluding boys, or paying less attention to them in terms of education, Dr. Yacoobi realized that what she needed to do was change this erroneous concept that educating males was threatening and dangerous to women.

To correct this misconception, Dr. Yacoobi allowed both boys and girls equal opportunity to learn at AIL-backed institutions. Women who were coming to Dr. Yacoobi's learning centers also agreed that boys should not be left to live in ignorance.

Education changes people. By receiving education, people learn that men and women are equal and are entitled to equal rights and opportunities.

Educating men also helped women to better realize their own potentials. Until then, men had been ignorant of the equality between men and women. Dr. Yacoobi realized that awakening men and training them to work together with women as their partners would help them overcome their ignorance. This was the direction that Dr. Yacoobi wanted to take for boys and men.

7. Healthcare for mothers and children

More than 50 percent of underage Afghanistan girls are forced to marry against their will due to the culture. Once married, they are exposed to harsh diseases and are deprived of their human rights. Their husbands force them to have sex and bear their children at very young ages. Consequently, those girls are stripped of any chance to receive education.

Dr. Yacoobi said, "Even today, Afghan women are suffering in pain because girls ages 12 to 13 are sold to 50-year-old men in the name of marriage. This is not a matter of religious faith, but a matter of culture. Parents need to ask for their daughter's opinion on marriage. If they say no, parents must not force them to marry. But that is not the case because of extreme poverty. The best way to solve this problem is for Afghan women to stand up and oppose such customs. No one has the right to force a woman into marriage against her will. But for them to stand up, women need education. That's why we must teach, train, love and encourage those women. They need to become leaders who can stand up for other women in their communities."

Many years of conflict in Afghanistan has rendered refugee women helpless. Girls who haven't even reached 20 are being sold to men more than twice their age for marriage, either out of fear that they would otherwise be kidnapped by insurgents, or so that the girls' families can make money to feed themselves.

Premature pregnancy and delivery is the primary cause of death for women. Girls as young as 15 to 19 are forced to bear children. The consequence of this tradition is unbearable misfortune for many women, making it difficult to promote women's rights. But Dr. Yacoobi believes that when women stand up for themselves, families can stand up for themselves too. And when families stand up for themselves, communities and eventually the nation can stand up for themselves.

An Afghan woman named Sima witnessed the deaths of many women due to underage childbirth. After attending an AIL workshop, she realized the need for all women to be given adequate medical education and services:

"I am Sima, and I am a married woman who lost her mother while she was birthing a baby when I was only seven years old girl. As I did not have anyone to take care of me, I was married when I was still a young girl. So I faced a lot of problems and sicknesses during my life, and this is because our elders did not know that it is not right to make girls get married. Workshops such as this one are very useful because they do not allow people to destroy their good lives, and we learn helpful information to live well."

To cope with the pressing issue, AIL held additional workshops to educate mothers and pregnant women on everything they needed to know about reproductive health: how a fetus grows inside the womb, what a mother needs during pregnancy, how a mother can safely deliver her child, how to take care of a baby, the importance of safe and hygienic nursing, and much more.

Along with that program, AIL developed the Prospective Mother Program, which was started in 2010 for women in rural areas who usually had no choice but to give birth at their homes. The workshops were strictly for pregnant women, who were going to deliver their children at home, and for the mothers' caregivers.

AIL taught mothers-to-be how to take care of themselves during pregnancy, and the importance of nursing after childbirth. Above all, it taught pregnant women the importance of delivering their babies at a clinic or hospital. The program was very successful, and continues to this day.

In 2015, AIL hosted 14 Prospective Mothers Workshops. 282 women attended, of whom 140 were pregnant. And altogether, more than 650 women have attended. 97 percent of the women who did, when they became pregnant, delivered their child at a hospital or a clinic. None of the women who attended the workshop died in childbirth and only one baby died at birth. By educating pregnant women on reproduction health issues, prospective mothers were prepared to give birth to healthy babies and to take care of their health by choosing healthy ways of living.

Every year, AIL staff, including Dr. Yacoobi, hear testimonies from thousands of people about how AIL's programs changed their lives. One woman who went to an AIL clinic with her three young children shared her testimony:

"In areas where there are no formal clinics or hospitals, AIL students
who received healthcare education run temporary infirmaries, where
hundreds of thousands of patients are treated every year. According
to medical records, AIL treated 228,353 patients in 2015 alone, and
provided health education to 141,813 people."

"My name is BiBi Gul. I have 3 children who are 1, 2 and 3 years old. They were so weak. I was very hopeless and fed up with life. One day my husband said there is a clinic in Shaikhan go and visit them, it has very kind and professional doctors. The clinic is so far from us, it is about 2 hours away from my house to the clinic. I came and visit the doctors and midwife and told about my problem. After visiting they told me that your children are affected by malnutrition, the reason was that I didn't follow child spacing and my breast feeding was not sufficient for my babies, so they got malnutrition. The doctor referred my children to the nutrition section. My children were under treatment, every week they have been checked and monitored regularly and received nutrition food and put on weight, after 3 months two of them were able to walk. Now I am so happy, and after 3 years child spacing; I now have a new born child who is normal and well nourished. I am thankful from the doctors. Now lots of people visit this clinic from our area."

In addition, the clinic dispatches its staff members to visit residents in remote rural areas by bicycle or motorcycle and give them vaccinations. Each dispatch is comprised of two people, one man and one woman. The clinics also counsel community members on medical issues like urgent care, reproductive health, disease prevention and dealing with sickness.

In areas where there are no formal clinics or hospitals, AIL students who received healthcare education run temporary infirmaries, which provided medical services to 168 patients in 2015. Those infirmaries work under the umbrella of the main AIL hospitals (of which there are four; two in Herat and two in Kabul) where hundreds of thousands of patients are treated every year. According to medical records, AIL treated 228,353 patients in 2015 alone, and provided health education to 141,813 people.

Even basic medical knowledge can save lives; it can ensure that people be mindful of their own health. Providing healthcare to all people is one of three fundamental changes that AIL is providing to the people of Afghanistan (the other two are education and vocational training). Only when people are healthy can they learn something new and improve their productivity and the quality of their lives at home and at work.

One disabled person, who visited an AIL clinic for physical treatment, was surprised when she learned about her mental issue.

"My name is Fariba. I am a 21-years old woman. I am disabled because of my legs and I can't walk. I am not feeling any mental disability since I came to this center. The nurses helped me get out of a dangerous depression. I never believed in my abilities and I thought I was useless, but I found out about my capacity here. I have a lot of new friends and study literacy here. My mind has changed. I have got good feelings about myself, and I believe that I can do a lot of good things. I go to the city in my wheelchair a few times a week and attend classes where I learn to live happily and love others in the community. I have also learned about leadership, and I have made big decisions for my future."

In this way, AIL's caring medical services are providing each patient with experience equivalent to miracles. It never ceases in its mission to love and accept all people. Since 1996, AIL has helped over 14 million Afghan people to create better and healthier communities, by providing education, training, and health services for physical, mental and emotional health issues.

The Mother of Refugee Education

1. Education is the solution to the refugee crisis

Dr. Yacoobi shared, "After hearing about and seeing the lives of women at the refugee camps, I started to dislike myself. I wondered who I was. When I saw children and women who had so much misery and pain in their lives, I looked back at my own life. While they were suffering, I was enjoying the privileges of quality education in America. I was pleased with myself. But seeing the reality of the refugee camps, I felt uncomfortable and unhappy with myself. For three months, I looked for things that I could do for refugees. I came to the conclusion that education would give Afghan refugees a chance to a better life."

Dr. Yacoobi trained numerous refugees to become teachers, like Fariba, a member of AIL who had undergone many difficulties in her life:

"When I was four, the Soviet Union invaded my country, and all of my family members became refugees. Later, when the Taliban seized power in Afghanistan, they threatened my family at gunpoint and abducted my father and brother. They tortured my father to the point of death; my brother managed to escape, but barely. Another brother of mine became a drug addict; he sold me to another drug addict to get money to buy more drugs for himself.

"I was sixteen when I was forced to marry a drug addict. I lived like a slave. Every day, I was beaten and forced to have sex that I did not want. Every day was like hell. Then one day, I happened to hear about AIL. I came here and was given training to become a teacher. Now, I am working as a teacher. AIL is doing many good things for women. Thanks to it, I have a new home and I live a peaceful life. If it were not for Dr. Yacoobi, Afghan women could not have gotten any help. Her achievements are truly remarkable and I am proud of her, and at the same time, I am grateful to her."

Thousands of woman shared similar stories; all of them were given a second chance at life thanks to education.

Dr. Yacoobi established 183 schools and educational centers in the refugee camps in Pakistan. When she began classes in those schools, children enjoyed them so much that they did not want to return home until late at night.

Whenever Dr. Yacoobi started a new educational program, she always included teacher training as a key part of the program. During a class, if a teacher had good communication with the children, the children could develop their thinking ability and wanted to stay at the school as long as possible. If they did not feel they wanted to continue, something was wrong with the teacher's way of education.

"Thousands of woman shared similar stories; all of them
were given a second chance at life thanks to education."

Knowing this reality, Dr. Yacoobi invested all her efforts in training high-quality teachers. She did this consistently and monitored the progress of her trainings. Her undying commitment to the programs made her education system recognized as the best in Pakistan.

Putting her ideas into practice, though, was no easy task. The Taliban wanted to continue their war in Afghanistan, resulting in civilian massacres, terrorist attacks, forced evictions and torture. Dr. Yacoobi had no choice but to operate her Afghanistan schools underground until the Taliban's reign was subverted. With support of the communities and the local police, she operated 80 schools.

The children who received education in those underground schools became successful people. Some of them are working as medical doctors and lawyers. As she watched the children grow, she again realized that education had the power to change people just as it changed her.

Had the Taliban not attacked, Dr. Yacoobi might not have needed to do what she has been doing until now. Interestingly, all the teachers whom she trained are now demonstrating their professional excellence. The outcome she brought through AIL elevated the educational system of Afghanistan to a higher level than it had ever been before.

Dr. Yacoobi and all those who work at AIL believe that education, especially for women, is the best investment for Afghanistan's growth and development. They know through international data that nations that focus on women's education develop more quickly in areas of health, quality of life and family income. Without educating its women, Afghanistan's future would have been bleak. Nevertheless, women in their twenties and thirties are still the most disadvantaged demographic. So, Dr. Yacoobi gave them more attention than others.

Dr. Yacoobi's mission to educate women goes beyond merely reading and writing. She also wants them to learn mathematics, science, foreign languages and social studies. Students who learn those other subjects gain greater confidence in themselves. Therefore, teachers emphasize to their female students that as individuals they must be equipped with the knowledge and ability to overcome any obstacle they may face in the future, and to develop their strength as citizens of Afghanistan.

The conventional lifestyles of their forefathers and their parents were destroyed by the Taliban, who are to this day fighting for control over Afghanistan. Children who grew up during that terrible era are confused of their true roots and self-identity, unable to carry on the culture, traditions and social infrastructure of their country. Education can bring them back, however, and give Afghanistan the zeal to stand up.

Doing that requires professional teachers who can provide the appropriate education, and that, in turn, requires that those teachers be trained. AIL provides teachers with various levels of training via its many programs. Master teacher trainer courses provide trainees with a 4-month-long intensive course, while regular teacher seminars provide a 24-days-long course. The teachers who complete their training courses apply what they've learned in the classrooms, while supervised by their trainers to evaluate their performance.

Occasionally, AIL hosts 3-hour workshops for students of nearby refugee camps, and 3-day workshops for those of camps in farther-off areas. In order to successfully complete the entire training program, teachers are required to achieve a minimum score of 80/100 on their final examinations. Certificates are awarded to those who successfully complete the courses.

All of these activities are for the sake of enhancing the lives of students.

Teachers are trained to respect the students, to communicate with them and to elevate their self-esteem. Also, physical punishment is discouraged as much as possible, which is still a common practice in Afghanistan.

Dr. Yacoobi is more confident in her education system than anyone else. She believes that they can be applied not just within the boundaries of Afghanistan and Pakistan, but to other areas that need it. She testified, "When I was in America, I once suggested, 'Let me bring my school children in Afghanistan to America and let them compete with American children. I can tell you confidently that they had already learned the English alphabet, numbers, good behavior, culture, and more during their kindergarten course. So, when they enroll in first grade at a regular elementary school, they will hardly have anything to learn.' I have that much confidence in my students."

Throughout the world, even today, 72 million children are unable to go to school. This staggering number is the result of poverty, disease and wars. All children throughout the world are entitled to receive education, but the higher the percentage of children who cannot go to school, the more that country's economy will stagnate. This is how people fall into a vicious cycle of poverty.

In Afghanistan, it still takes women a great deal of courage to go to school. Elderly women, especially, face ridicule when they go to school. Nonetheless, Dr. Yacoobi emphasizes that women must be brave and strong enough to demand repeatedly until their voices are heard, that they be given the chance to learn.

Dr. Yacoobi believes that such strength comes from the knowledge that they gain through education. She said, "We must create an environment where our children can freely communicate, where we can build trust and develop a spirit of teamwork. I am here to lay the proper foundation so all this can occur. Already twenty years have gone by since I started living my dream. It is never easy to leave one's family and carry nothing but a bag, but I do it because I love my people.

"Whenever I speak with the refugees, I can see the despair in their eyes, and hear it in their voices. Women here are living like slaves and children can't go to school. They pull wagons up steep mountains during the winter, barefoot, just to feed their siblings. I lose my appetite every time I see this.

"I intend to continue doing this work of saving Afghan women and children for as long as I live. God is with me. I only hope that in the future there will not be a single child who cannot get an education in Afghanistan. That is the only hope that I have."

2. Establishing an innovative model for refugee resettlement

Dr. Yacoobi carefully designs each educational program so that they have the capacity restore stability to whole societies beyond individual capacity-building. In order to strengthen the capacity of women in Afghanistan, she developed regional grassroots models, steadily cultivated female leaders, promoted women's health and in 2007 created four private schools in Kabul and Herat in Afghanistan. She also opened classes for illiterate elderly people so they could learn to read and write. To women who need financial support, she gives vocational training so they can find work. For women who face cruel oppression by men under the pretext of culture or religion, she holds workshops on women's leadership and human rights so they can learn the importance of their fundamental rights as human beings and women. Dr. Yacoobi also established public medical facilities where she can educate the public about good health, and provides women with family planning, prenatal care and postnatal care.

Dr. Yacoobi realized that Afghanistan's education and healthcare systems had been completely undermined by decades of war. Her solutions present a vision and a concrete way to help Afghan refugees resettle. Her approach was a long-term, comprehensive plan to help refugees overcome their impoverished conditions, educational restrictions and limitations in their economy.

The refugees who received education from AIL gained confidence in themselves, developed their critical-thinking abilities to solve problems and became financially self-sufficient. Afghan refugees who experienced life in exile in foreign countries for more than three decades began to accept education as essential to rebuilding their country and moving forward toward a better future. Educated young people are now taking the lead in building the future of their country.

Since 1996, Dr. Yacoobi has systematically provided public health education to more than 2 million women and children. Thereafter, the mortality rate of infants and mothers before and during childbirth at the refugee camps drastically decreased. She also held Love and Forgiveness workshops that changed people who had been consumed by anger and resentment toward their society for their losses, into leaders with a positive mindset to serve their communities.

To reach out to even more people, Dr. Yacoobi also started her own radio station, Radio Meraj, which has 2 million Afghan listeners every day. Even Afghans who live abroad can listen to the news of Afghanistan and hear the messages of hope relayed to those who dream of a peaceful life. This radio station was developed to combat the state of ignorance of Afghans by covering diverse topics dealing with social trends, health, exemplary families, human rights, literature, music and more.

In rebuilding Afghanistan, AIL does all its projects in cooperation directly with the Afghan communities, giving the people a sense of ownership for whatever they are involved with. All projects are based on the needs of the entire community, decided upon in a democratic process involving all its members, rather than just providing material support. As a result, AIL can bring innovative changes to the refugees' resettlement and create trust among individuals, the community and the government.

Dr. Yacoobi thinks that all members need to be involved in their community projects. Because she believes that they can get the best results this way, she plans, develops and implements projects with the direct participation of the community. The projects do not begin unless the communities themselves ask for them. In general, the community contributes 30-50 percent of the necessary resources, including buildings, financial assistance, donated materials and supplies, volunteer work and security assistance. That is how AIL could proceed with projects without opposition from the community even if some projects were culturally sensitive. AIL was also able to provide various services for women living in rural areas, and even hold controversial programs under the goal of achieving the common good for all people.

Recently, the refugee crisis had been reignited, particularly in the Middle East and Africa. Since then, many have turned their eyes to Dr. Yacoobi's programs that deal with refugee resettlement. She arrived at the conclusion that the fundamental way of changing people's lives is a holistic approach based on education, since her own life was changed that way. She understands

"Recently, the refugee crisis had been reignited, particularly in the Middle East and Africa. Since then, many have turned their eyes to Dr. Yacoobi's programs that deal with refugee resettlement. She arrived at the conclusion that the fundamental way of changing people's lives is a holistic approach based on education, since her own life was changed that way."

that what refugees need most are not food or clothes, but emotional security and the mental capacity to dream for the future. They need to learn how to cultivate their own unique talents and to take care of their own health; they need to learn how to make sound judgments and acquire working skills to be self-sufficient so they can lead their own lives.

In addition, Dr. Yacoobi believes that the essence of education is to present a new vision for Afghanistan, through creativity and wisdom based on love and compassion. She also believes that helping people feel that they are making contributions to refugee resettlement is a way for them to attain self-respect and pride. Simply speaking, her approach to refugee resettlement is to help refugees find their own identity as individuals and as family members of their nation and culture. It's a slow process, but it would be a way of life that can bring lasting peace and harmony, through the process of understanding and love for each other.

3. Protecting women's rights

Premature marriage has become somewhat of a norm in Afghanistan and other Muslim countries. Parents marry their young daughters (who can be as young as 15) to much older men, regardless of their daughters' opinions. Often times, those girls endure physical abuse from their husbands, and are forced to bear children before they even reach adulthood; many die during childbirth

Many perceive early marriage as sanctioned in the Islamic religion. According to many of its hadiths, the Prophet Mohammed married his wife Aisha when she was 6-7, and then consummated that marriage when she was 9. Thus, many men have justified child marriage based on the hadiths they've read.

According to a United Nations International Children's Emergency Fund (UNICEF) report, 720 million women marry before the age of 18, and 25 million marry before the age of 15. An incredible number of young women have to endure physical and emotional turmoil because their parents force them to marry young. On top of that, most of them are virtually in the position of having been sold to men who are a lot older than they are, for money to help their families that are living in poverty. Under those circumstances, it is difficult to expect those women to live happily married lives. Most of them suffer incredible pain while continuously enduring persecution.

Dr. Yacoobi knew that although it was certainly unacceptable for men to mistreat women, what was more urgent than that was to teach women how to protect themselves with wisdom. So, in addition to giving education in a classroom setting, she also holds workshops in which women gather together to discuss their human rights.

The first workshop was held in 1998, in Peshawar, the site of many refugee camps. Enthusiastic participants filled the workshops, where Dr. Yacoobi taught human rights based on the Islamic texts. Participants in the first workshop spread the word to their friends and relatives so that each workshop that followed had more participants than the last.

One day, a school principal at a refugee camp, located in the province of North-West Frontier, Pakistan, far away from Peshawar, visited Dr. Yacoobi. The principal had heard about Dr. Yacoobi's workshops on human rights, and asked whether she could come and give a workshop to the women of that person's district. The principal had been a supporter of women's rights, and naturally became interested in that particular workshop after hearing about it.

The residents of the refugee camp where this principal lived were Islamic fundamentalists who were against women's education: holding such a workshop would've been no easy task. Nevertheless, Dr. Yacoobi accepted the challenge. With the support of the principal, she managed, with inconceivable effort, to hold the workshop. Women of all ages, wearing their traditional attire, attended the workshop. Two moderators who led the workshop were Afghan refugees living in Peshawar. They opened the workshop session with a quote from the Quran regarding women's rights under Sharia law.

At first, participants were reluctant to express their opinions, because they were prohibited to discuss family matters with others. But toward the end of workshop, they expressed their views so openly that there wasn't enough time for everyone to speak. Workshop moderators presented some examples that they found in books. They did not specify particular individuals, but touched on a broad range of topics that the audience could relate with. The people were afraid that their own situation would be disclosed to others, but when the sensitive issues of rape, incest, harassment, the distress of not being allowed to go to school, spousal abuse and many painful issues were addressed objectively, they naturally came to share their own personal experiences.

When participants discovered that other women were going through similar experiences, they empathized with each other, heard advice from each other, supported each other and shed tears with each other. Then, they sought to find ways to talk with their family members regarding their rights as sanctioned in Islam. Those who were hurt and bruised by their families were finally awakened by their consciousness that they could escape alienation and loneliness, and solve problems together.

During the closing ceremony, women who were brave enough to participate in the first workshop and pioneer in advancing women's rights were honored and recognized.

A few days later, an elderly woman who had attended the workshop came to Dr. Yacoobi and expressed her gratitude for giving her the courage to speak to her male family members about the importance of equality between men and women. She then said that her daughter wanted to go to school and requested that AIL teach illiterate girls who could not go to school.

That woman's request became the catalyst to open the Women's Learning Center in January 2002. WLC was designed to accommodate Afghan women's various needs, especially in women's health issues and education, which were never dealt with in the past. As of 2016, AIL opened 354 WLCs in Afghanistan and Pakistan.

After AIL held the first workshop on women's rights for Afghan women who were living in rural areas, people's concepts about women's education began to change. Amazingly, not a single participant of the workshop was threatened or harassed, and not one of AIL's properties were damaged, and nothing was stolen. Contrary to their fears, the workshop progressed without incident by the fundamentalists.

AIL expanded its educational programs from focusing on women's rights issues to also promoting women's and children's lifelong education. Overall, the programs were designed to include kindergarten through high school students with curricula promoting health, peace-building, leadership training, vocational training, marketable skills, finding the meaning of life and self-sufficiency. As of now, AIL educates approximately 35,000 children and women per year both in Pakistan and Afghanistan.

AIL started with the conviction that education was a universal human right, so human rights became the core value that is being taught by all teachers in every class. AIL's classes cover topics of peace and human rights through words and drawings, and strive to help people realize peace and protect their rights.

Teachers and students freely interact with each other during the classes. Children take classes in a free-spirited environment, freely sharing their opinions, without fear of being ridiculed. AIL teachers and staff respect Afghan culture and tradition and whenever they develop new and progressive programs, they try to minimize potential conflicts with conservative groups.

AIL includes not only women but also men when planning and executing new programs in order to establish all-inclusive communities. It strives to support men so they can also perform their roles in the best way possible, and to help them understand that discrimination between men and women is unhealthy for the growth of their children and their future. When men are involved, women are empowered, because they work together in mutual respect and equality.

Whenever Dr. Yacoobi hires people for AIL, she does not discriminate on the basis of gender or age. She emphasizes the importance of non-discrimination to anyone. These principles are the basis of AIL and WLC, and are practiced in all facilities established by Dr. Yacoobi. She firmly believes that in order to successfully educate people on human rights, teachers must observe those principles first before expecting others to do so. AIL, in its effort to implement the core spirit of those principles, presents courteous and peaceful proposals to students who strive to solve the problems they face.

Teachers facilitate free discussions among the students in a comfortable environment on issues that can be sensitive, such as culture, religion and human rights, and stimulate the students to think critically and be self-reflective. One technique they use is brainstorming. Teachers ask their students to define their rights, and children respond accordingly. Teachers use documentaries on human rights and Muslim culture and customs prepared by several international organizations; they then have students compare and share their opinions. Also, through case studies, teachers help students formulate their own views on theirs and others' rights.

Dr. Yacoobi believes that what refugee women, who have lost their homes and children, and even their self-respect, crucially need is to realize their own value and not to be too dependent on men. To help them recover their self-esteem, AIL planned and held workshops, during which time women refugees were educated about human rights. They were also educated on leadership and dealing with injustice.

Dr. Yacoobi used the concept of WLC to its full effect. Women were no longer ignored because of their financial difficulties. Women who did not have an income were trained to join the workforce; those who could afford to pay tuition contributed as much as they wanted to.

Dr. Yacoobi said, "Afghan women have learned their rights as women and have found ways to protect themselves, but many of them do not have the financial support to protect their rights. At the Centers, that is what we are trying to provide."

In order to help secure their rights in the legal field, AIL opened the Legal Aid for Women Clinic in Herat, under the support of the Minister of Women's Affairs (MOWA) and the United Nations Human Rights Council (UNHRC). Through it, AIL provides women with legal services for various matters such as child custody, right of inheritance, protection of their assets, partnerships, children's marriage without consent, child abuse, women's abuse and others.

In 1994, when the Taliban was in power, education for girls was prohibited and women were not allowed to be involved in financial affairs. At that time, the Afghan communities led by women teachers had to run underground schools in the basements of private homes. After the Taliban lost power, the Afghan people could continue receiving the benefits of education, and hundreds of students filled the classrooms. Many communities requested help to provide education for women who had never been given a chance to receive any.

Dr. Yacoobi opened WLC to solve the problem. WLC trained its students in various skills. Most Afghan women are not allowed to leave their homes; they could associate only with those who were directly related to them. But while they were attending WLC, they were able to exchange their opinions, and share their ideas with others. In this way, whenever they faced problems, they could help each other.

Dr. Yacoobi, however, looked beyond WLC, envisioning a future where women worked together in cooperation. In 2015, AIL held the first Women's Networking Movement (WNM) in Herat.

While this idea may be mainstream and mundane in other countries, it was revolutionary for Afghanistan. It was an idea the Dr. Yacoobi surgically implanted into Afghan women by gathering them in safe environments for them to gather and express ideas and opinions, beginning the first form of networking. In fact, in the communities where there are WLCs, they also act as Women's Networking Centers and, the quality of women's lives is visibly improving. Women are now attending classes, learning to read and write and earning an income — overall becoming invaluable members of society. One woman shared:

"Before I attended a leadership workshop, I could not feel that I was doing my best in my work. I did not know how to contribute to my community. But after attending this workshop, I learned how to lead others in a positive direction.

"For example, on my way to work, I used to run into many women who begged for money. This greatly saddened me. After attending the workshop, I decided to do something about them. I suggested to those women that they work cleaning the community garden, and they agreed.

"I later found out that they had become beggars because most of their husbands were unemployed, or they were drug addicts. After working at the garden for one year, they realized they were capable of doing something constructive, and they did not need to beg anymore."

A quiet revolution is taking place in Afghanistan. It's gradually bringing many changes. As that one Afghan woman helped other women by letting them clean the community garden, community members began to see the power of women's leadership. They realized that women could be active and positive participants of the communities, and women also recognized that they could be leaders in their communities and their country.

Examples like those confirm Dr. Yacoobi's belief that when women work together they can make an impact in rebuilding their communities and their nation to be as peaceful as it was before. In 2015, she held a conference based on the idea of networking, inviting about 70 people, including 41 women. The goal of the conference was to maximize individual's skills and innovative thinking through solidarity and communication. The theme of the conference was "The government and the right role of society." Participants were members of various occupational fields: teachers, government officials, social movement leaders, students, medical

"I forget about all my pain and suffering when I look at the smiles
of women and children. I know how much that smile means to
them. When I [see] this, I feel that all of my accumulated fatigue
instantly disappears. No matter how exhausted I am, I feel that I
can continue. I can be assured that is my life."

professionals, etc. They also talked about the relationship between economy and corruption, and the responsibility of individuals to become leaders.

At WLC, women gather together and exchange ideas. They ask for classes on human rights and leadership. Some join the village council, and others become members of the community healthcare facilities. Through this kind of change, people realize that education helps not only individuals but also families and entire communities. Also, since community members can personally join and see its effectiveness for themselves, their prejudices and old concepts change as well.

AIL teachers help Afghan women reflect and discuss the sensitive issues that affect their lives and strives to help them understand in order to solve their problems, they first have to share their stories. For example, on the topic of "Violence to children and women must be stopped," AIL presented the following case study:

"Malika is now forty. She married Saiful twenty years ago. Before she married, she worked on a construction site at the outskirt of Dacca, the capital city of Bangladesh. Her hands and legs are full of scars and blisters caused by sharp rocks. Now, she does not know how much money she is making, because her husband was taking all of her salary."

After providing the scenario, the teachers ask, "Is Saipi violating Malika's human rights?"

Such a question usually would get a simple answer, but women who've lived their whole lives under such oppression may find concepts like human rights new. Therefore, in discussing them, they learn and develop a mind for human rights and human rights infringement.

Role-play is also an effective tool to stimulate ideas for discussions. Teachers do not encourage or pressure participants to take part; they don't force them to share their personal stories if they choose not to. Once participants feel safe and comfortable, they voluntarily share their stories. Through this process, students confirm their own rights, and discuss how to protect them in a male-chauvinistic society, while teachers continue working with them to help. As a result, students get strength and hope for the future and believe that they can solve their problems with others who are in similar situations.

Dr. Yacoobi sees the future of Afghanistan from the faces of women who are growing more confident in themselves. She says, "I forget about all my pain and suffering when I look at the smiles of women and children. I know how much that smile means to them. They used to be hopeless, lethargic and passive, but they now have hope and say, 'I am working. I can make money and buy groceries for my family. I can send my girls to school. I can buy my own clothes, and I can even hire someone to do the housework.' When I hear them say this, I feel that all of my accumulated fatigue instantly disappears. No matter how exhausted I am, I feel that I can continue. I can be assured that is my life."

Dr. Yacoobi wants Afghan women to be happy, even just a little. She wants nothing more than for them to experience more joy every day. In fact, that is the motivating force that drives her to live a life of dedication and commitment for them.

4. The Love and Forgiveness Conference

"The Afghan people are very poor, [which is] all the more reason why they need education. But in order to create a new future, they need to forget about what happened in the past. They need to learn how to forgive and love. To make this happen, first we ourselves must become the hope for our people. Then we can become the hope for the refugees of other countries," asserted Dr. Yacoobi, "At the moment, people are angry with the government. Women lost many things during the continued wars: their homes, their husbands and their families. Nevertheless, we can never resolve any of the conflicts by taking revenge against those people from the past. I am adamant that love, care and forgiveness will bring peace to Afghanistan."

The Afghan people are sincerely longing for peace. They want to get along with their neighboring countries and enjoy a prosperous and healthy society with opportunities available for everyone. Above all, opportunities for education and good health management are essential for a peaceful future. However, many people are hopeless about their future. They cannot trust others, they have no confidence in themselves and they find no value in their community. Therefore, they feel that a peaceful future is unattainable — like a mere dream.

That was how it was when AIL held an innovative conference called the Love and Forgiveness Conference in 2012. The aim of this conference was to teach participants about peace not only from their own conventional perspective, but the peace that comes from loving and forgiving others. Once people experience love and forgiveness, they quickly change and can bring change to their own families and communities.

Religion teaches love and forgiveness. If human beings could indeed practice those two, wars would not erupt; all mistreatment, killing, abusing and manipulating of one person by another would cease. Love and forgiveness are the secrets to solving all conflicts throughout the world.

However, in the midst of extreme conflicts, demonstrating love and forgiveness is, realistically, very difficult. Dr. Yacoobi is well aware of it, but she believes that through education people can learn to cultivate the courage needed to practice them. Women are often abused by their husbands, but they say that they, as mothers, cannot give up on their lives because of their love for their children. This indicates that love and forgiveness is the only way they can renew their strength to continue on the journey of life.

Since 2012, 1,300 people, including 740 women, have attended the Love and Forgiveness Conferences and workshops, which have been held ten times in all. Those who attended the conferences and workshops learned to change themselves and society, and to get along with others. They have increased trust among themselves, reduced negativity towards others and have overall more harmonious relationships with their families, friends and coworkers.

The Love and Forgiveness Conference invites people of other ethnicities and districts and unites them within the spectrum of Afghan society. These conferences are also recorded live on the internet and archived for others to see, and are well known through TV and radio broadcasting.

Outstanding leaders from each district lead workshops on various themes: the value of human life, mutual respect, thoughtfulness and listening, trust, sacrifice, co-ownership, leadership, etc. Between sessions, recitations of works by Muslim poets such as the great Mawlana Rumi, and traditional Afghan music create a soothing and relaxing atmosphere.

The attendees are people who have personally suffered all kinds of hardships and difficulties when their human rights were violated by the Taliban. They need healing more than anyone, and through these conferences of love and forgiveness, they learn by sharing their experiences with others and come to embrace them. Women especially empathize with each other through sharing their stories, and use these conferences as an opportunity to build solidarity to solve their common problems through dialogue with each other.

The Conference has become such a success that AIL now holds them in schools to promote the spirit of peace with love and forgiveness.

Dr. Yacoobi said, "If we include these themes in their curricula — peace, love and forgiveness — all children will learn that Afghanistan is not a nation of conflict and strife. Children should be able to learn the values of love in their daily lives. We should teach children knowledge, but also teach the heart of loving themselves and others so they can journey through this troubled world with a positive outlook."

Dr. Yacoobi's words are self-evident: love is the essential element that bonds human society. AIL again realized that love and forgiveness are the driving forces to change Afghan people towards peace, just as the workshops of love and forgiveness awakened attendees to this truth.

Dr. Sakena Yacoobi believes that when people unite with God and love others, they can overcome negative thoughts and feelings and be happy. They can even overcome difficult relationships with God:

"The moment I feel fear, I stop doing everything, so I cannot afford to have fear. We need to help ourselves through education. Even though international organizations are helping us, unless we help ourselves and achieve something on our own, our miserable circumstances will continue. International relief organizations will leave at some point, so if we only depend on them, we are no better than zombies. That is why we must help ourselves. We can do it. Why can't we do it? We should want to do it.

"I totally agree with the statement that the family is the cornerstone of society. I have been loved and supported by my family. But those who come to visit our organization do not get such support and love from their own families. When I am at the office, many people come to visit me from early in the morning until late at night. I check how they have been doing, and listen to them. I believe that that is how I can love them. Because I love them, I can help them. As long as we have love, we can solve any problem. Love, forgiveness and a caring heart for one another is what will bring peace to Afghanistan."

Dr. Yacoobi is spreading the message of love. Altruistic love can usher in peace. Her message reveals the value of education for the future of Afghanistan and all nations of the world.

5. Radio Meraj

In the beginning, the unequal treatment of women and children was men's way of protecting them from the outside world. Men hid women in their homes, alienating them from the outside world, from education and from public health. Whenever a school was set on fire, parents confined their children in their homes to protect them. People distrusted each other, especially foreigners. Women, cut off from the world, coped with their hardships in silence, causing them to lose emotional balance. Amid extreme violence, fear and doubt, conservatism gained power, because people hoped that returning to their fundamental faith would secure internal stability, even going as far as to accept religious fundamentalism.

In the midst of this situation, Dr. Yacoobi had been looking forward to meeting thousands of residents in Herat for a long time, and radio broadcasting was a way for her to reach out to them. Radio Meraj, now with an estimated 2 million listeners, broadcasts for 20 hours a day in 9 of the 15 districts in Herat.

To start Radio Meraj, AIL had to prepare the necessary funds for office space, broadcasting equipment, personnel and program development. Its major programs are talk shows that target young people and housewives, as well as various other age groups. The programs cover a variety of topics: social issues, health, ideal families, human rights, literature, music and more. It also has a program in which people can call and converse with the radio moderators. All of the radio programs reflect the yearning desires of the Afghan people to progress themselves, their families and their country towards peace and prosperity. So far, Radio Meraj has had a very positive influence on its listeners.

ALI's lawyers and its other services also use Radio Meraj as a means to promote women's rights. Of course, as a broadcasting service, it provides people with the latest world news, helping the Afghan people understand what they can do for their nation and the world. It is a window of communication for refugees who want to express themselves and to resolve issues that they face.

Dr. Yacoobi endeavors to revive Afghanistan's culture and values using Radio Meraj as one of the means to do so. One of her objectives is to help her people live in harmony with other nations and make contributions to the world. Currently, she is not only reforming Afghan society but is trying to reconnect its people to their peaceful, pre-war culture.

Radio Meraj, now with an estimated 2 million listeners, broadcasts for 20 hours a day in 9 of the 15 districts in Herat."

6. A legacy of peace for future generations

In the 20 years after 1978, Dr. Yacoobi noted that Afghanistan lost three generations of its most educated people. The elderly, the first generation, left the country and sought asylum in Europe, America and Australia, and many others are still leaving Afghanistan to live in other countries. Many among the second generation died in the war against the Soviet Union and the ensuing battles with the Taliban. The third generation is the children of those who died in the wars in Afghanistan, who have to defend themselves against guns and bombs and who cannot get the chance to receive education. This was similar to what took place in other nations where people have been suffering in hunger and poverty for many years because of wars and natural calamities.

Dr. Yacoobi says that AIL and WLC must fill the vacancies of the teachers and doctors who were lost out of those three generations. No matter how small the success of AIL and WLC, it has given great strength to the people who are getting support from these organizations. Lately, more than ever, Dr. Yacoobi realizes how important her work is:

"If you love someone, you would like to give everything that you have. Love is endless. I built schools and medical facilities so that women who come to them can forget their pain and suffering, even for a short time. I take care of these facilities, and I am fighting to protect them. I raise funds to keep them operating so that I can help more people. I especially love the orphans who have cheerful hearts, despite their unfortunate circumstances. The problem is they do not know what to do for themselves. What do you think I should do for them? I believe that it is to give them an education."

Dr. Yacoobi has dedicated her entire life for the future of Afghanistan, and for the refugees who lost everything. She believes that only if she was of any help in creating a bright future through her own sacrifice did she fulfill her mission. One thing that she lately feels proud of among the things that she did for refugees is that 80 percent of the people who work for AIL are paid employees, even though their wages may be small. This is significant to her, because it means that many people are substantially benefiting from the systems that she established. This means that the number of people who make a living by their own efforts is growing.

Dr. Yacoobi is always thinking how she can increase the number of people, who can benefit from her humanitarian work, and how she can best help them be prepared for danger or violence, how to lower their risks and how to make plans in advance.

During the process she found out that beneficiaries needed to be involved in planning and executing the programs as much as possible. Hence, she believes that at least 50 percent of the people involved with the planning and execution of humanitarian work of international organizations must be the beneficiaries, who are considered to have the least power and authority. 50 percent of them must be women and 10 percent of them must be young people. Her figures are concrete and firm.

"I want these children to grow up to be people who can be actively involved in helping society, and by so doing can make a good impact. For this, creating a good environment is my portion of work. I also want to prove that women are not weak and fragile." In this way, Dr. Yacoobi expressed her desire to create the necessary environment for future generations, even though her life is difficult at the present time.

Dr. Yacoobi wants her students to create the future of Afghanistan, and to grow up to become leaders who can bring an end to all the pain and suffering of humankind. She wants to leave peace and hope for future generations as her gift. She stated, "We need strong leaders, and I don't mean in terms of military might. Strong leaders whom I am referring to are those who believe in hope and never give up, no matter what."

Afghans are still suffering, but they are moving forward little by little thanks to the care Dr. Yacoobi gives to the women and children. And also thanks to them, she sees a bright future for Afghanistan.

"I cannot live an ordinary life. I cannot go to parties. I cannot freely travel around. However, I do not mind, because I can help people. If I don't, they have no chance to improve their lives, so I cannot stop doing this. I want to help and give the chance of life to women and children who live here."

These days, a new wind of hope is blowing in Afghanistan. Ashraf Ghani, the current President of Afghanistan (since 2014), is sincerely interested in restoring the nation. Although peace talks are going on with the Taliban, the situation is still burdensome due to the series of terrorist attacks led by tribal leaders and warlords.

President Ghani has a Ph.D. in anthropology, and worked as an educator at several universities. Afterwards, he worked at World Bank before he became the president of Afghanistan. He is serious about restoring the nation, and he appears to consider Korea as the model nation for this task.

It is beautiful to see both Dr. Yacoobi and President Ghani working hard to build peace in Afghanistan for the happiness of its future generations. We only hope that their dreams and hopes for peace and safety come to the Afghan people in their everyday lives. In accordance with Dr. Yacoobi's desires, we are looking forward to the day when Afghan children will be able to fulfill their dreams and become the owners of their nation in the environment of freedom.

"I want these children to grow up to be people who can be actively involved in helping society, and by so doing can make a good impact. For this, creating a good environment is my portion of work."

7. Help is needed from the entire world

Throughout the world, even at this moment, armed conflicts are taking place for many different reasons: revolutionary fights for democracy, weak countries fighting to protect their natural resources from powerful expansionist nations, intranational power struggles, etc. Self-centered views and selfish greed only create more conflicts and wars.

Dr. Yacoobi states that wars, for no matter what reason, must stop, and that she hopes for democracy to be deeply rooted not only in Afghanistan but also throughout the world. In a speech she gave in 2005 as one of the three Afghans to be given the Democracy Award by the National Endowment for Democracy she said:

"I would like to congratulate and express my gratitude to those who courageously offered their lives to the fight for freedom. We are gathered here at the U.S. Capitol Hill, which is the symbol of democracy, to honor them and recognize the fundamental rights of human beings.

"We are now congratulating three Afghans who established the foundation of freedom with their courage and creativity in Afghanistan, a nation that was foreign to democracy just a few years ago. While looking at them, we have come to recognize that freedom does not belong to only famous or historic people, but it belongs to ordinary people who did extraordinary things.

"America's freedom was the fruit borne by people who overcame incredible and dangerous struggles. I believe that the growth of democracy in Afghanistan will be the same. On the way, there will be people who will challenge us: it can be civilians in military uniforms or dictators. Democracy needs people who stand against injustice.

"We understand that democracy is more than just the capability to vote. We need a system, a checks and balances, for politicians to be accountable to their citizens, and we must protect human rights. In order for this system to properly function, we need the principles of a free world and the people who can contribute with the fruits of their educational and entrepreneurial successes. The government needs all of this.

"The decision by the National Endowment for Democracy to present the awards to those three individuals, who made significant contributions to the development of a democratic civil society in Afghanistan, is outstanding. Despite the fact that some people said that they would fail, they were not shaken. With the hope for freedom that is carved deep within their hearts, they kept pursuing their will in response to their calling. They provided children and women with medical services and education. In the meantime, they spread the ideal of democracy and strengthened local governments. They trained people to become leaders throughout Afghanistan.

"Even when the Taliban were in control of Afghanistan and ruled with an iron fist, at a time when people could not find a shred of hope, the people remained in their fatherland and dedicated their lives for the restoration of their nation. They knew that the future of their nation and its true prosperity would be in their own hands. When you see their achievements, you will feel their heart and love for their people and their country.

"Freedom stimulates human creativity, and creativity determines a nation's power and wealth. When people's innate creativity is liberated, democracy can finally sing true prosperity and peace. This is how we can protect freedom.

"These awardees observed these principles and applied them in their work. They are building stronger civil societies through their efforts. They did not forget their people's hopes and desires for a prosperous life. They are honoring the voices of the millions of Afghan people that could not be heard as they lived in fear under wars and dreadful dictatorships that lasted for decades.

"Unfortunately, peace has evaded many people of the world. But because of people like these three awardees, I believe that lasting peace will come. These three civil society leaders, their colleagues, and the distinguished leaders who are present here today, and many other people in the world who are watching their promises for freedom, will soon make this dream come true."

In 2005 Dr. Yacoobi was nominated for the Nobel Peace Prize for presenting fundamental solutions for the resettlement of refugees. That same year was when she was awarded the Democracy Award by the National Endowment for Democracy.

Dr. Yacoobi prompts everyone to pay attention to injustices in all societies. Originally, supremacy meant "power of those who strive to dominate the world by force." It is a term that first appeared when the Soviet Union, in confrontation with America, strove to expand its power by invading various nations, including those in the Middle East. In fact, the circumstances of most of the nations that are in the middle of armed conflicts are more complicated because of the involvement of powerful nations. Hegemons pursuing self-interest by taking advantage of politically divisive nations only adds more chaos to the world.

This is the primary reason why refugees in nations, where there is civil strife, are afraid of foreign influences. Refugees are concerned that assistance offered by foreign nations could potentially harm their right to self-determination. These nations may have an ulterior motive, based on their own self-interests, other than genuinely helping refugees.

This fear can arouse animosity and suspicion towards groups or individuals who defend foreign countries. Under these circumstances, discussions on the issue of women's rights in particular can cause fierce arguments or even violence, which could ignite another war. The refugee crisis that the world is now facing is serious. It can only be solved when wars are stopped. The world must not let innocent civilians lose their nations and families because of wars. All nations will have to focus and cooperate to build a peaceful world where there is no war, where no one has special privileges and where everyone can enjoy their lives in equality.

Dr. Yacoobi stated, "Refugees are ordinary civilians who lost their homes, their jobs, their relatives and their friends because of war. Each person's story reminds us of the promise we made to realize justice and peace. All of us should be with refugees as the guardians of peace in accordance with God's will. We should welcome them and give an ear to them."

On the 2017 World Day of Migrants and Refugees, Pope Francis conveyed a special message to the world from St. Peter's Square to proclaim the protection of the rights of refugees. Special envoy Angelina Jolie for the UNHCR, expressed her appreciation to Jordan for actively accommodating numerous refugees, making great efforts to solve the current Syrian refugee crisis. She has spoken several times on the importance of needing to focus on finding political solutions to the refugee crisis. She also urged them to reflect on the fundamental causes of civil wars that have driven the world into crisis and what must be done to bring an end to wars.

President Anote Tong of Kiribati, one of the two inaugural laureates of the 2015 Sunhak Peace Prize, a man who greatly contributed in forming a comprehensive consultative body through which the world could actively take measures against global climate change, said, "Helping those who arrive at our seashore is a moral responsibility. The refugee crisis needs to be solved by the entire world working together."

Dr. Yacoobi also said in her acceptance speech of the 2017 Sunhak Peace Prize, "Presently, we are living in a world where we are judged by our faith, ethnicity, race and gender. When we overcome hatred against each other, and share love, compassion and wisdom, we can offer an immortal foundation for all humankind to live in peace and harmony."

Dr. Yacoobi also emphasized that once people became refugees, they lose not only the basis and root of their lives, but they suffer emotional and spiritual losses, especially when family members are killed or permanently disabled. Hence, in order to help those refugees reestablish the foundation of their lives, they need help and cooperation from the world.

Dr. Yacoobi expressed her pain and grief during an interview with the Korean media:

"The current situation is very sad and regretful. Refugees are also human beings. They are not strange people whom we should avoid, but the same human beings that we are. They lost everything because of war, even their purpose of existence. Even if they return to their own nation after temporarily staying in a foreign land, they cannot help but live in devastation, both emotionally and financially. Most refugees are children, young people and women. They are the driving forces for future generations. For the sake of building a peaceful world, both America and Europe cannot ignore this pressing situation."

Even now, everywhere in this global village numerous people are dying through war or violence. Every minute, 24 people are leaving the nation where they were born and move to another nation at the risk of their lives. Sudanese children are fleeing at the incessant noises of gunshots. Syrian children are crossing their national boarder to avoid bombings from the sky. Central African people are trembling in fear of massacres that could take place anytime and anywhere. In many other nations throughout the world, people's lives are being trampled on miserably.

Even if refugees manage to escape their hostile homes, there is no assurance that they can find safety. Fleeing Syrian refugees often risk their lives crossing the Mediterranean Sea. Aside from capsizing, they face many more dangerous circumstances that can lead to serious injuries or even death. It's time to stop wars that benefit only the interests of a small group of people. It's time for all of us to take action so that refugees do not lose their dignity as human beings.

The Sunhak Peace Prize for Future Generations

1. Sunhak Peace Prize award ceremony

"Dr. Sakena Yacoobi, the Mother of Afghan Education, has been a pioneering and devoted refugee educator for 22 years with the belief that education is the key to social reconstruction even under the severe conditions of war and occupation."

On November 29, 2016, at Washington, D.C., the Sunhak Peace Prize Committee announced Dr. Sakena Yacoobi as one of the two laureates for the 2017 Sunhak Peace Prize award ceremony. The Sunhak Peace Prize was established by Rev. Dr. Sun Myung Moon and Dr. Hak Ja Han Moon, based on their peace vision of One Family Under God, to help prepare for a peaceful future for all humankind. To that end, the Committee selected Dr. Yacoobi for 2017's Sunhak Peace Prize co-recipient.

The Sunhak Peace Prize Committee presents a future peace agenda that will guide our shared human destiny toward peace. For the second award ceremony, the Committee presented the refugee crisis as the core theme, seeing that today we face the largest number of displaced persons on the global level due to international issues that are threatening world peace.

At the Sunhak Peace Prize award ceremony, held in February 3, 2017, at the Lotte Hotel World in Seoul, Italian surgeon Dr. Gino Strada and Afghan educator Dr. Sakena Yacoobi were presented with the Sunhak Peace Prize for their efforts to resolve the refugee crisis.

Dr. Sakena Yacoobi, in 1995, established the Afghan Institute of Learning (AIL) and for 22 years has been providing education and vocational training to 14 million refugees in Afghanistan and Pakistan, with the firm belief that education is the key to securing a brighter future for refugees.

Dr. Yacoobi reminds us that in the midst of this unprecedented refugee crisis, refugee education is indispensible for to ensure peace of future generations. In this appalling reality, where parents cannot but watch their children die, and children cannot but watch their parents die, it is education that can mend the refugees' scars and give them the hope that can lead them towards a better life. Through AIL, Dr. Yacoobi has proven that education can help refugees overcome their struggles and rebuild their societies.

At the award ceremony, Dr. Yacoobi delivered a soft-spoken but resolute message about what we should do today to advance peace and harmony. "We have the capability to create an environment in which all people respect each other's rights, cultures, traditions, religions and ideas. People around the world can live together in peace and harmony based on love, compassion and wisdom."

"At the Sunhak Peace Prize award ceremony, held in February 3, 2017, at the Lotte Hotel World in Seoul, Italian surgeon Dr. Gino Strada and Afghan educator Dr. Sakena Yacoobi were presented with the Sunhak Peace Prize for their efforts to resolve the refugee crisis."

2. Major achievements

The Sunhak Peace Prize Committee has selected Dr. Sakena Yacoobi as one of the laureates for the 2017 Sunhak Peace Praize award ceremony based on the following three major accomplishments.

1. Devoted her life to Afghan "refugee education"

Sakena Yacoobi, the mother of Afghan education, has been a pioneering and devoted refugee educator for 21 years with the belief that education is the key to social reconstruction even under severe conditions of war and occupation.

Dr. Yacoobi began educating teachers in Afghan refugee camps where they had struggled to survive after decades of war and the complete collapse of the education and health system, and began to establish schools for boys and girls. In 1995, the Afghan Institute for Learning (AIL) was established to provide systematic refugee education, providing education and vocational training to 13 million women and children. Despite the Taliban regime's ban on women's schools, it successfully operated and educated more than 3,000 girls without incident.

Currently, AIL provides curricula from kindergarten to university education, and 44 education centers provide basic literacy education and various vocational courses, opening opportunities to refugees for income generation. Ultimately, it has been providing education in leadership, democracy, self-confidence, and capacity-building, aimed at fostering refugees to become independent citizens capable of critical thinking.

As a result, refugees who have been educated at AIL have improved their self-confidence, economic power, and problem-solving abilities, and have been leading a successful community rebuilding process. The Afghan refugee community, which has experienced displacement for more than 30 years, now feels that education is a pathway to a better future and a key element for the country's reconstruction, and that educated young people will play a leading role in Afghanistan's future.

2. Presenting a holistic solution to the problem of the resettlement of refugees

Dr. Yacoobi introduced a holistic approach to rebuilding communities destroyed by war, providing an innovative solution to the problem of resettlement. This approach is a comprehensive and long-term solution to the problem of society as a whole, in order to overcome the inadequate educational, economic, sociocultural and institutional constraints of refugee camps. It contributes to improving the overall quality of life and community development for Afghan refugees.

The Afghan Institute of Learning, an organization founded by Dr. Yacoobi, is providing technical assistance to four private schools, hospitals and radio stations at the private level. Since 1996, it has provided health education to more than 2 million women and children, which has significantly reduced infant mortality and maternal mortality during pregnancy and childbirth. It also continues to provide 'love and forgiveness' workshops to transform the refugees, who have been surrounded by social deprivation and anger, into positive leaders who can innovate in their local communities. Through radio broadcasting, it reaches more than a million people a day, dealing with social trends, health, family success models, human rights, literature, music, etc., and supports the desire of the refugees for a peaceful and fruitful life.

The entire community rebuilding process has been carried out in cooperation with the community itself, allowing the community to build a sense of ownership in the project. As a result of consultation, and organizing the projects needed by the community, rather than one-sided aid, it has revolutionized the refugee resettlement dynamic, providing a win-win situation for both the local community and government agencies.

3. Contributing to the improvement of human rights and the status of Muslim women

Sakena Yacoobi is committed to educating Muslim women with the belief that "to educate girls is to educate future generations." Due to some elements of Islamic culture opposing women's education, and as a result of protracted conflicts, Afghanistan has recorded the world's lowest literacy rate, with only 12.6% of women over 15 years of age being able to read and write. In order to address this serious situation, Dr. Yacoobi has been aggressively persuasive and has changed prejudices about women's education. As a result, many women and children in Afghanistan and Pakistan are now educated, and in recent years Dr. Yacoobi even established a women's university. She has provided family planning services and contraception advice in order to liberate women from unwanted childbirth. She also runs a women's legal counseling center in Afghanistan and provides legal advice services for women on issues such as domestic abuse, child custody, the right to inheritance, and marriage without consent.

Women who were isolated in their homes are now able to gather together and receive education through Women's Networking Centers. Women are given the opportunity to take part in classes, read and learn, engage in income-generating activities, participate in society, all of which has greatly improved their access to human rights and a higher quality of life.

3. Acceptance speech

"When we share love, compassion and wisdom,
we can coexist peacefully and harmoniously."

I am very honored to be chosen as one of the 2017 Sunhak Peace Prize laureates along with Dr. Gino Strada. I thank our host, Dr. Hak Ja Han Moon, members of the Sunhak Peace Prize Committee and my family and colleagues. Let us not forget, this prize established by Dr. Hak Ja Han Moon, honors and represents the peace ideology of the late Rev. Dr. Sun Myung Moon. Reverend Moon believed we are "one global family." This is true. We are living in a time where peace, love and wisdom needs to be at the forefront. God's love does not discriminate by race, ethnicity, nationality, or religion. Reverend Moon reminded us of this. We must embrace peace as the road to resolving conflicts, building gender equality, and respect for all human beings.

I, myself, became a refugee in 1979 after the invasion of my country. My family all became refugees. I know what it feels like to be in a place where all of your rights have been taken away from you. I know how it feels to lose everything you have, including your dignity and self-confidence.

That is why I founded the Afghan Institute of Learning (AIL), and that is why I have chosen to work with Afghan refugees and the resettlement of Afghan refugees and IDPs in Afghanistan for the last 26 years. I wanted to find a way to help Afghans rebuild their self-respect and self-confidence; I wanted them to be able to trust again, rebuild their communities and reestablish their core values; I wanted them to be able to live in peace and harmony and have a sustainable way of life.

We are living in a world where people are being judged by religion, ethnicity, race, and gender. People are being labeled wrongly and being targeted by hate groups. We must rise above the hate. We must use our voices for good. We need to remove the injustice and eliminate poverty. War is not the answer to any problem. We must work together collectively to bring peace in this world. In order to do this, we need to share our knowledge and build a support system that provides sustainable results.

We see all around the world, millions of dollars are poured into countries that create an environment that does not bring peace or sustainability. The money is given to the government or organizations with no system in place to progressively develop the country. And sadly, the countries that need the most critical help are ignored. I truly believe that if we want to make a difference, we must set forth a creative program that involves the people. We must reach out to all community members; women, men and children. We need to give them all the necessary tools in life. We need to address education, health, skills, job opportunities, economics, environment, and above all human rights as it relates to responsibilities, values, compassion, love, and peace.

As I have shared previously with some of the United Nations and European Union organizations, when we give an opportunity to people and ask them what they know, what are their skills, how much they can give, you would be surprised to see the outcome. People want to feel valued. They want their voice to be heard. When they are heard, people gain confidence and want to take an active role in your program to ensure the success of the community and country. From the beginning you gain an important asset-- the support and trust of the people. The human resources of the community will serve as the foundation that will build up the community and bring the people together.

When you share love, compassion and wisdom, you provide humanity with an indestructible base for living in peace and harmony that no one can take away. You create an environment where everyone respects each other's rights and appreciates different cultures, traditions, religions and ideas. With love, compassion and wisdom as your base, then everyone globally can live in harmony and peace.

Thank you all.

February 3, 2017

Dr. Sakena Yacoobi

4. World Summit speech

"I really believe that if we do that, if we have wisdom,
if we have prosperity, if we really teach our children dignity
and sharing, I think that we will not have war."

Dear ladies and gentlemen,

Thank you very much for inviting me here to come and talk about my work with you. It's a great honor to be here, and I would like to welcome all of you, the delegates, the guests, the parliamentarians, everyone who works in the media and everybody else who have been working very hard for this event. Thank you very much for inviting us here.

Okay, what I am going to talk to you about a little bit is going to go around in a circle, because if I do not explain to you what we have done in refugee camps and what we are doing now, you will not get the concept of our work. When we started working in the refugee camps, it was a really tough situation. We had a lot of problems. First of all, education was banned for women and children. We didn't have the facility, and we didn't have any way to educate the people. But being in a refugee camp, you really need to use your skill and your time instead of just wasting them.

So we decided that we wanted to create the education. How are we going to create the education? Are we going to go and just say we want to do this? That wasn't the right thing to do. We needed the community. We asked the people what they needed and how they needed it so that the people really felt like they were a part of something. And so, according to that, we started to build a relationship with the community. That was very important for us. Building a relationship means that they trust you and believe in you; and in response to that, you provide them with what they need so that together you create an environment where learning takes place and people progress. That was the way we started. In building the community, you must first build; then you must provide them with the things you can provide instead of making promises you can't keep. According to that we started our program. We built a school and afterwards the

Women's Learning Center.

Why do I bother to tell you this? I really believe that today, the world is in trouble, as I have said this morning, because in the Millennium Development Goals (MDGs) we said we would education many people, but we didn't achieve that. Many governments were involved, and the UN was involved, but we didn't achieve it. And now we are living in an era when the refugees are in trouble. Everybody wants to kick out the refugees. Why? Because they think that the refugees are creating problems: they are not good citizens, they are a burden to different nations, etc. But I tell you that it is not their fault; it is our fault. How will the refugees function? If we listen to the refugees, if we watch them, if we evaluate their skills, and we create jobs for them, they will be very useful. As a matter of fact, they are entrepreneurs. They could create businesses that nobody else could. So that is the reason that I think we need to listen to the refugees.

I was at the United Nations, and also at the European Union. They asked me, "How are you so successful? How, in a matter of so many years, are you achieving your goals and more? You are reaching millions and millions of women and children." I told them that we are using a holistic approach. What does that mean? We look at our civil society and we see what they need. We could not just focus on their education by itself. We need to see the whole image. We have to have a vision. We have to be creative and innovative, and then create a system of education. The reason I say that is because everyone has different needs. We must design a curriculum according to the needs of every individual. To so that is to really help the people. They are all motivated, and in turn we are motivated. Once we do that, people start learning. So first we have to create a curriculum that fits every individual.

Secondly, when we create this curriculum, how do we implement it? Are we just satisfied with reading and writing? No, we want people to learn critical thinking. So, we included critical thinking in the curriculum. Critical thinking means asking questions and making people ask questions. You know, when I was studying in high school in Afghanistan, I was never allowed to ask questions. And when I got to the Peshawar, Pakistan refugee camp, I told myself I was not going to create a curriculum that would not allow people to raise their hands. Because of that, we created an education system that allowed people to ask questions. When you have critical thinking, people start asking questions.

The third thing is that today's educational system is really different, throughout the world. People are not looking at humanity; people are not looking at ethics; people are not looking at their responsibilities; people are not looking at value. Everyone just wants to finish high school and go to the university. Then, when they graduate, they are not able to find work in civil society. They are not able to really feel and understand the love, compassion and wisdom — the core of every religion, every society and every government. So we concentrated on those issues. We think that those are the cornerstone of our educational system, and we teach and train people according to them.

Let me tell you a story of how this is effective and what kind of impact it has to our society. When we started, people were devastated. People lost everything they had. They lost their dignity and they lost their resilience. They were very poor. They didn't know where to go. When we started this educational system, people became empowered. Take women, for example. For us, empowering women is very important. When we were working in our office one day, a woman came with 4 children begging for food. Do you know what my answer was? I said we were not humanitarian assistants that give money or food, but we could help her. She said, "I don't want any other help. I just want my children to be fed." I said, "Well, if you come with us and you put your children through school, then we can help you." This went back and forth until finally we convinced her that if she worked for us, she would get anything she needed to improve the lives of her and her children. So, she came to our office and we gave her a job as a cleaning lady and enrolled her kids in our school. One of her daughters scored first in her class and studied to be a nurse. She then worked in our clinics and earned enough money to support her family. She also put her sister and brother through school, bought a house for her family and is supporting her mother. Now, she is a successful nurse and mid-wife right, and continues to work in our clinic. That is the way we empower women.

I can tell you many stories, but the point is this: empowering women is very important to any nation because you empower the whole family — the children benefit, the family benefits, the community benefits and the nation benefits. We work hard to turn women into valuable assets of society. In order to do that, we need to create jobs for them. What kind of jobs? In the beginning, we give them skill training. We put them in a class and we ask them what they want to learn. If they say they want to learn sewing, we put them in a sewing class. If they want to learn carpet weaving, we put them in a carpet weaving class. If they want to do embroidery, we give them embroidery to do. And believe me, every one of them go back to their homes and get a job. They may not earn much money, but they earn enough so that those who used to stand against women's education can see its benefits and start to support it. In a country that is poor, if you don't create jobs or provide economic stability, how do you expect anyone to provide for their families? Of course, Afghanistan is a very conservative country, so women will tend to stay home and not find work. But by creating jobs for them, we promote critical thinking and change viewpoints for those who are against education.

So why are we doing that? We have an objective to create good citizens. In order to create good citizens, we must create this kind of environment in which they are able to ask for assistance. We don't go around telling them that we'll give them things they may not need; instead, they come and they request what they need. Hence, the program has become very successful.

Do we have challenges? Yes, of course. What is our challenge? Our challenge is security. Let me tell you, security in Afghanistan at this moment is not good. We have an incident every day. In every province of Afghanistan, there is an incident. So should we just go sit in a corner and say we have a problem? No. What we do is we try to work with the system. We try to develop a system in which communities can protect themselves. Why do I want to share this with you? In working together, coordinating with each other and collaborating together, you will achieve something. But when you don't collaborate, then you are not going to achieve your goal of transforming minds.

In Afghanistan there are people who say you cannot get education, you cannot go to work, especially if you are a woman. We cannot just walk up to them and say no. We have to create an environment that transforms their minds. When we do, those people become our allies. And that is why we are creating this kind of innovative educational system. I just want to share another thing with you. Today in Afghanistan, there are a lot of problems, but the main problem is poverty. If we really want to overcome poverty, we have to create job skills. How do we create job skills? By looking at civil society and seeing in what areas we need to train our students. We ask the communities, "Do you need a school?" "Do you need a clinic?" "Do you need a women's center?" Whatever they request, we provide.

Today, AIL has helped 13.5 million people in Afghanistan in the area of education. My advice is don't miscalculate the refugees. Refugees are human beings like everybody else. They have as human rights; it is their right to be in any country they have to go to. They do not leave their country just from their heart; they are forced to run from their country. And when they come to another country, help them settle and move on with their lives. Help them to promote their education. Create a program for them so that your country and the countries they are coming from can benefit. Don't send them after a year or two, or say you are putting up a wall, or say that they are no good because of their religion, ethnicity or social status.

We are all human beings, and God created all of us equally. As Rev. Moon said, we are all one family under God, and we must live by that. I really believe that if we do that, if we have wisdom, if we have prosperity, if we really teach our children dignity and sharing, I think that we will not have war. And that is the only way that we can truly get rid of war.

I would like to share many issues with you, but I do not have much more time. They told me that my time is running out.

Thank you very much for listening to me. I really appreciate that.

Thank you very much.

February 3, 2017

Dr. Sakena Yacoobi

Sakena Yacoobi

난민 교육의 어머니, 사키나 야쿠비

아프간 '난민 교육'에 평생을 헌신하여 난민 재정착의
근본해법을 제시하다

Contents

발간사

난민 교육의 어머니, 사키나 야쿠비 박사

오늘날 난민 문제는 세계 전체가 당면한 인류 공동의 문제입니다. 전쟁을 포함한 여러 가지 형태의 폭력과 폭동, 인간을 위협하는 다양한 형태의 테러는 자국에서의 삶을 비참하게 무너뜨렸습니다. 더 나아가 어린이와 여성에 대한 무차별적인 박해는 더 이상 두고 볼 수 없는 지경에 이르렀습니다. 세계 곳곳에서 가난과 굶주림에 허덕이다 비참한 죽음을 맞이하거나 모든 터전을 잃은 채 제2의 거주지를 찾아 타국으로 이동하는 중에 처절하게 생의 이별을 맞는 난민들이 넘쳐납니다.

유엔난민기구(UNHCR)의 '2016년 글로벌 리포트'는 전쟁과 박해를 피해 세계 각지를 떠도는 난민이 6,560만 명에 이른다고 밝혔습니다. 매년 가파르게 증가하는 난민 수와는 대조적으로 이들의 입지는 점점 위축되고 있습니다. 게다가 난민으로서 최소한의 지위조차 인정받지 못하는 사람이 대부분입니다. 유럽은 치안이 불안해질 수 있다는 우려와 자국민들의 일자리조차 없는 상황에서 무분별하게 난민을 들일 수 없다는 강경한 입장으로 맞서고 있습니다.

선학평화상위원회는 이러한 상황 속에서 '우리의 이웃인 난민들이 이토록 고통 받는 지경에 어떻게 인류 공동 운명체를 운운할 수 있겠는가' 그리고 무엇보다 '우리 미래세대가 직면할 또 하나의 위기가 바로 난민에 대한 문제가 아닐까'를 논의하였습니다. 미래에는 종교와 인종, 이념에 따른 분쟁이 있어서는 안 되며, 사람을 그에 따라 판단하고 차별하는 갈등 상황이 종결되어야 한다는 설립자의 평화비전에 따른 논의였습니다.

난민에 대한 문제는 이제 더 이상 모른 척할 수 없는 한계에 다다랐습니다. 인간의 판단과 이념 갈등이 만든 분쟁과 전쟁으로 지구촌이 아픔과 슬

품으로 얼룩지고 있습니다. 비교적 난민에 관대했던 미국마저 자국의 이익을 거론하며 '반이민 행정명령'을 내리고 유럽들까지 난민에게 열었던 문을 닫고 있습니다. 그렇지 않아도 슬픔과 도탄에 빠져 전 세계를 방황하는 난민들에게 더 큰 설움을 안겨준 셈입니다.

이에 본 위원회는 제2회 선학평화상 수상자로 난민 문제를 함께 논의하고 해결하기 위해 자신의 목숨을 바쳐 난민들의 교육에 힘써온 사키나 야쿠비 박사를 선정하였습니다. 야쿠비 박사는 자신이 나고 자란 아프가니스탄의 비극을 모른 체하지 않았습니다. 아프가니스탄의 미래세대와 전 세계의 난민이 처한 문제를 '교육'을 통해 가장 근본적으로 해결하려 애쓴 공로자입니다. 그녀는 "난민도 우리와 똑같은 사람이며 존중받아야 할 귀중한 가치가 있다. 이들을 위한 국제 사회의 적극적인 지원과 도움이 절실히 필요하다. 이들이 다시 자신감을 얻고 재정착하기 위해서는 전 세계의 노력이 절실하다."고 강조하며 평생 난민 교육에 앞장섰습니다.

사키나 야쿠비 박사의 바람처럼 아프가니스탄을 비롯한 수많은 전쟁 국가에서 다시 순수한 아이들의 웃음소리가 들리고 아름다운 여성들이 자신의 꿈을 펼치며 미소 지을 수 있는 날이 오기를 독자 여러분 모두 응원해주시길 바랍니다.

2018. 1
선학평화상재단

제1장

평화에서 비극의
소용돌이 속으로

1. 기억 속에만 존재하는 평화로운 아프가니스탄

"저는 아프가니스탄에서 행복한 유년기를 보냈습니다. 가족과 지역사회는 개인에게 매우 중요한 존재였습니다. 우리는 함께 살았고 즐거운 시간을 보냈어요. 자주 장로들과 대화를 나누었고, 그들은 매일 우리에게 가르침을 주었습니다. 숙모, 삼촌, 할머니 등 모든 가족들이 함께 다양한 활동에 참여하고 어울리며 살았어요. 정말 아름다운 시간들이었죠. 물론 가난했습니다. 우리 가족뿐만 아니라 모든 사람이 똑같이 가난했어요. 그러나 매일 크고 작은 마을 행사가 열렸기 때문에 저를 비롯한 사람들은 기쁨과 행복으로 하루하루가 즐거웠습니다. 어른들은 아이들 주위를 돌며 작은 선물을 나눠주고 어린 우리들은 그들을 진심으로 존경하고 존중했어요. 그것이 내가 기억하는 아프가니스탄입니다."

사키나 야쿠비 박사는 아프가니스탄 헤라트에서 15명의 형제자매 중에 장녀로 태어났다. 생활이 불편하고 모든 것이 충분하지는 않았지만 부모님, 이웃과 함께 사는 삶이 마냥 좋았다. 매우 가난했지만 지금처럼 총칼이 사람을 죽이는 시대는 아니었다.

1950년대 중반부터 1960년대 초반까지, 아프가니스탄은 현대적이고 서양적인 생활 방식을 받아들이며 나름대로 발전 중이었다. 비교적 평화로웠던 이때 나라는 성공 가도를 달리고 있었다. 사키나 야쿠비 박사는 이 시절을 애틋하게 기억한다. 1954년의 아프가니스탄, 당시 4살이었던 그녀는 아버지와 함께 흙먼지 날리는 길을 걸으며 시골 시장을 지나 근처 회교 사원으로 가던 때를 떠올렸다.

"제 아버지는 저를 교육시키려고 애를 썼습니다. 최고의 후원자였지요. 그 당시 딸을 교육시키려는 아프간 남자는 거의 없었습니다. 아버지는 정말 용감한 사람이었어요."

1979년 아프가니스탄에서 전쟁이 발발했다. 사키나 야쿠비 박사가 기억하는 아름답고 평화로운 아프가니스탄은 그 후 35년이 넘는 시간 동안 전쟁의 소용돌이에서 벗어나지 못하고 있다. 가족들은 서로 찢어졌고 남편과 형제, 아버지가 서로 싸우는 동안 여성들은 자녀를 보호하기 위해 홀로 고군분투했다. 수용소에 있는 사람들은 상처를 입었고, 사람들은 도대체 자신들의 나라에 무슨 일이 일어나고 있는지 알고 싶어 했다. 사람들은 누구의 말도 믿지 않았고, 서로를 신뢰하지 않게 되었다. 사람들은 점점 생존을 위해 자신을 보호하는 방향으로 변해 가고 있었다.

전쟁 발발 시 그녀는 미국에서 대학원 2학년에 재학 중이었다. 절박한 심정으로 고향으로 돌아와 집안을 도우려 했으나, 그녀의 부모님은 공부를 모두 끝마치라며 강경히 밀어붙였다. 할 수 없이 부모의 뜻을 따랐지만 그녀는 언젠가는 고국으로 돌아가 전쟁으로 피해를 입은 사람들, 특히 최악의 전쟁 피해자인 수백만의 여성과 어린이들을 돕기로 굳게 결심했다.

"소련이 우리나라를 침범했을 때 저는 미국에서 난민이 되었습니다. 가족이 살았는지 죽었는지조차 알 수가 없었어요. 그러나 학업을 끝까지 마치고 다행히 무사했던 가족을 미국으로 데려올 수 있었습니다. 그러나 다시 조국으로 돌아가 국민들을 도와야 한다는 것을 이미 내 가슴은 먼저 알고 있었습니다."

그녀는 혼란스러운 심적 고통과 장녀로서 가족들을 지켜야 한다는 조바심에도 무사히 대학원 과정을 마쳤다. 부모님과 남동생을 무사히 미국으로 데려와 동생을 학교에 입학시킨 뒤, 사키나 야쿠비 박사는 부모님께 아프가

1979년 아프가니스탄에서 전쟁이 발발했다.
사키나 야쿠비 박사가 기억하는 아름답고 평화로운 아프가니스탄은
그 후 35년이 넘는 시간 동안 전쟁의 소용돌이에서 벗어나지 못하고 있다.

니스탄으로 돌아가겠다는 의사를 밝혔다.

"어머니가 저를 붙잡고 한참이나 울던 모습이 기억납니다. 다시는 만날 수 없을 줄만 알았던 우리가 가까스로 만났기에 어머니는 제가 떠나는 것이 싫으셨던 거지요. 하지만 아버지는 저를 이해하고 허락해 주셨습니다."

그녀의 부모님은 한창 전쟁 중인 위험한 자국 대신 아프가니스탄 난민들이 대거 모여 있는 파키스탄에서 그녀가 하고자 하는 일을 시작해 보길 권했다. 당시 파키스탄에는 750만 명의 난민들이 있었다.

"그 참상 속에서도 아량을 베풀며 열심히 살아가는 사람들을 보며, 저는 누가 상처받고 울고 있는지 알게 됐습니다. 안타까운 마음을 금할 수가 없었지요. 그들의 삶을 바꿀 수 있는 것은 오로지 교육밖에 없다는 것을 깨달았어요. 그것은 인간의 권리입니다. 교육이야말로 제가 유일하게 국민들을 도울 수 있는 방법이라는 것도 알았습니다."

아프가니스탄이라는 국가에서 여성으로 태어난 사키나 야쿠비 박사는 자국 여성들의 비참한 삶을 가까이에서 목도하며 그녀들의 삶을 바꾸는 데 자신의 일생을 바치겠노라 다짐했다. 그 다짐이 훗날 자국의 소녀들과 여성들을 돕는 에너지가 되고 목숨이 위태로운 상황에서도 그녀의 신념대로 굳건히 밀고 나갈 수 있는 버팀목이 되었을 것이다.

2. 아버지의 남다른 교육 철학

사키나 야쿠비 박사의 아버지는 5살에 친부를 잃고 고아가 되었지만 생존을 위해 무역을 배웠고, 사키나 야쿠비 박사가 태어날 당시에는 어엿한 사업가로 자리 잡은 자수성가의 표본이었다. 그녀의 아버지는 불우했던 유년기를 보냈음에도 불구하고 자신의 자녀가 아들이건 딸이건 상관없이 누구든 학교에 가서 배움을 실천해야 한다는 확고한 신념을 가진 사람이었다.

이슬람 사회에서 '여자도 교육을 받아야 한다'는 생각은 아무나 할 수 없는 사고였다. 종교적인 이유와 경전에 기록된 남성우월주의는 여성에 대한 지위를 깎아내렸고, 따라서 여성은 사회활동보다 집안에서 자녀를 출산하고 양육하며 남편에게 무조건적인 희생을 해야 하는 존재로 왜곡되어 왔기 때문이다. 실제로 이슬람 사회에서 여성의 역할이란 자기 자신보다는 자녀와 남편을 위하는 데에 초점이 맞춰져 있다. 사키나 야쿠비 박사가 자랄 때도 여성에 대한 사회적 분위기는 지금과 크게 다르지 않았다. 대부분의 여성들은 사회에서 자신의 역할을 수행하기 위해 특별히 교육이 필요하지 않다고 생각했다. 아프가니스탄 여성들은 집과 아이들을 보살피며 주로 집안에서 생활했기 때문이다. 물론 매우 중요하고 훌륭한 역할이지만, 이 역할을 위해 정규교육까지 받을 필요는 없다는 생각이 지배적이었다.

사키나 야쿠비 박사의 아버지는 지역사회에서 나름대로 존경받는 성공적인 사업가였다. 그 자신은 문맹이었지만 자녀들은 반드시 학교에 다녀야 한다고 주장했고, 특히 장녀인 사키나 야쿠비 박사에게 늘 교육에 대한 열정을 가지도록 독려했다. 지역에 있는 이슬람 사원에서 책 읽는 법을 가르치고, 자녀 중에서도 가장 먼저 사키나 야쿠비 박사를 학교에 보냈다. 그녀 역시 배우는 것을 진심으로 즐기며 그 속에서 기쁨과 희열을 느꼈다.

고등학교까지 학업을 마친 사키나 야쿠비 박사는 부모님에게 대학에 진학하고자 하는 뜻을 밝혔다. 그녀에게는 꿈이 있었다. 어머니의 15번의 임신과 그중에서 5명만이 살아남은 처참한 상황을 지켜보며, 또 매일같이 여성들이 무덤으로 옮겨지거나 갓 태어난 아이들이 얼마 살지도 못한 채 하늘의 별이 되는 것을 목격하며 키워 온 소중한 꿈은 바로 의사였다. 자신이 어렸을 때만 해도 아프가니스탄에는 마땅한 진료소가 없었고, 여성을 치료할 수 있는 여성 의사가 없었으며, 병원을 죽으러 가는 장소쯤으로 여겼기 때문이다. 그녀는 실제로 아프가니스탄의 한 의과대학에 합격했지만 여자 기숙사가 없어 의사의 꿈을 포기해야 했다. 그러나 그녀의 아버지는 야쿠비 박사의 꿈을 위해 흔쾌히 미국 대학에 입학할 수 있도록 물질적·정신적 지원을 아끼지 않았다.

"제 아버지는 저의 가장 큰 후원자였습니다. 아버지는 이라크에서 나고 자라셨어요. '교육을 받은' 분은 아니었지만 지식이 풍부하고, 현명하며 개방적이고, 공정하고 정직한 사람이었습니다. 그래서 종종 아버지는 분쟁을 중재하고 해결하는 곤란한 일에 나서 주셨지요. 아버지는 늘 제가 저 자신이 될 수 있도록 격려하고 응원을 아끼지 않으셨습니다."

아버지가 가지고 있었던 '교육은 평생'이라는 신념은 그녀의 삶 전체를 바꾸어 놓았다. 균형 잡힌 교육이 사람들의 삶을 개선하고 성장시키며 아이, 여성, 젊은이와 연장자를 비롯한 모든 이에게 지속적인 변화를 일으키는 최선의 방법임을 깨달았다. 교육을 받은 현명한 여성은 그녀의 가족을 경제적으로 도울 수 있으며 자신의 자녀를 지혜롭게 양육할 수 있다. 교육을 받은 현명한 남성은 여성이나 아이들과 같은 약한 존재를 학대하지 않으며 그들이

난민 캠프에 도착해 아프가니스탄 사람들의 모습을 보자마자
그곳에 남아야겠다는 확신을 가졌다.
수천 명의 여성과 아이들이 아무것도 하지 못한 채 망연자실해 있는 모습을 보고
그녀는 자신이 있어야 할 곳이 바로 이곳 난민 캠프임을 숙명으로 느꼈던 것이다.

가진 넓고 깊은 가치를 알아볼 수 있다.

사키나 야쿠비 박사는 아버지의 적극적인 지원 아래 미국행을 결정하고 태평양 대학교에서 생물 과학 기술을 전공했다. 이어 캘리포니아에 있는 로마 린다 대학에서 공중 보건학 석사 과정을 마치고 건강 컨설턴트로 일했다. 병을 앓고 있는 환자에게 의사와 병원을 선택할 수 있도록 도움을 주고, 영양, 운동, 위생 등 전반적인 보건 위생 측면에서 상담을 지원하는 일이었다. 특히 사키나 야쿠비 박사는 어릴 때부터 출산 중에 죽어 간 많은 동생들을 떠올리며 한 가족을 만들어 가는 데 기여하는 여성들에게 더 세심한 관심을 기울였다. 여성의 임신과 출산에 관련된 산전 관리, 산모와 신생아 관리 등 가족 치료 상담에 적극적으로 봉사했다. 또한 노인병학, 뇌혈관 질환, 고혈압, 간염, 실명, 신장 질환 등의 영역에서 환자의 질병 개선에 적용할 수 있는 다양한 건강 연구 프로젝트를 보조했다.

그럼에도 불구하고 그녀는 자신이 가진 가치를 발휘하지 못하고 있다는 생각에서 헤어 나올 수 없었다. 자신이 있어야 할 곳은 여기가 아닌 고향이라는 생각에 잠을 이룰 수 없는 날들이 계속됐다. 결국, 사키나 야쿠비 박사는 15년 동안의 미국 생활을 청산하고 파키스탄으로 떠났다.

"저는 아프가니스탄 사람들을 사랑합니다. 그곳의 정확한 상황을 보기 위해서라도 저는 가야만 합니다."

그녀가 부모님과 동생들에게 남긴 말이었다. 당장 파키스탄 난민촌에서 어떤 일을 할 수 있을지, 지금처럼 제대로 된 직업을 가질 수 있을지 걱정이 되었지만, 난민 캠프에 도착해 아프가니스탄 사람들의 모습을 보자마자 그곳에 남아야겠다는 확신을 가졌다. 수천 명의 여성과 아이들이 아무것도 하지 못한 채 망연자실해 있는 모습을 보고 그녀는 자신이 있어야 할 곳이 바로 이곳 난민 캠프임을 숙명으로 느꼈던 것이다.

아버지의 영향이 절대적이었다. 아버지는 비록 불우한 유년기를 보냈고 자신은 배움과는 먼 인생을 보냈지만, 자식들만큼은 교육을 통해 스스로와 가족을 지킬 줄 아는 사람이 되길 바랐다. 아버지의 깊은 혜안과 현명한 교육 철학은 사키나 야쿠비 박사가 힘들고 지칠 때마다 다시금 마음속에 새기며 용기를 얻는 신념이 되었다.

3. 참혹했던 파키스탄 난민 캠프

1979년 소련이 아프가니스탄을 침공하자 아프가니스탄 사람들은 자국을 떠나 파키스탄을 포함한 이웃 나라를 향해 피난길에 올랐고, 곳곳에는 난민 캠프가 세워졌다. 사키나 야쿠비 박사의 가족들도 마찬가지였다. 부모가 난민이 되면서 사키나 야쿠비 박사는 경제적인 지원이 부족한 상황에 놓였고, 좋은 성적을 얻기 위해 고군분투하는 동시에 난민이 된 가족까지 돌봐야 했다. 결코 쉽지 않은 학업 환경이었지만, 전액 장학금을 받으며 학부를 졸업하게 되었고 졸업을 앞둔 즈음, 자신의 비전이 공중위생학에 있음을 깨닫게 되었다.

매일같이 타국에서 아프가니스탄 소식을 접하며 자신의 나라에서 무슨 일이 벌어지는지를 두 눈으로 확인할 때마다 그녀의 가슴은 찢어지듯 아팠다. 안전한 미국 땅 위를 밟고 있어도 그녀의 마음은 이미 아프가니스탄 고향 어귀에 있었다. 돌아가고 싶은 마음이 굴뚝같았지만, 그녀는 쉽사리 돌아갈 수도 없었다. 그녀가 어디에 있어야 할지 몰랐기 때문이다. 미국에서 석사 학위를 받고 교수로 일하고 있던 사키나 야쿠비 박사는 꽤 괜찮은 인생을 살고 있었다. 좋은 직업과 넉넉한 돈, 그토록 그리웠던 가족과 함께 생활할 수 있는 최적의 환경…. 그러나 그녀는 행복하지 않았다.

자신이 행복하게 할 수 있는 일을 찾아 아프가니스탄 사람들에게로 돌아가기로 결심한 야쿠비 박사는 아프가니스탄으로 향하는 대신 파키스탄 난민 캠프를 선택했다. 본국으로 돌아가기 전, 자신이 아프가니스탄 사람들에게 어떤 도움을 줄 수 있는지 고민하기 위해서였다. 파키스탄에 도착한 야쿠비 박사는 먼저 국제구조위원회(International Rescue Committee)에서 일을 시작했다.

사키나 야쿠비 박사가 파키스탄의 난민 캠프에 도착했을 때 그곳에는 750만 명의 난민들이 있었다. 그중 90%는 여성과 어린이였다. 대부분의 남성들은 전쟁 중에 죽었거나 아직 전쟁터에 있었다. 입을 것과 먹을 것이 부족하다는 것보다 이들이 극심한 두려움에 떨고 있고, 자존감은 이미 잃어버린지 오래라는 사실이 더욱 심각한 문제였다. 게다가 그들은 온갖 위험 요소와 범죄에 노출되어 있었다. 아이들과 여성들의 인권은 바닥에 내동댕이쳐졌고, 그럼에도 아프가니스탄에서 남편과 형제, 아버지가 싸우는 동안 여성들은 혼자서 자녀를 보호하기 위해 혼신을 다하고 있었다.

사키나 야쿠비 박사는 난민 캠프에 기거하며 매일같이 차마 지켜볼 수 없는 광경들을 마주하게 되었다. 한 과부는 8명이나 되는 자녀들을 데리고 난민 캠프에 앉아 하염없이 울고 있었다. 그들은 갈 곳이 없었고 아이들은 놀곳, 공부할 곳, 심지어 살만한 공간조차 없었다. 아버지와 집을 잃어버린 소년들은 열 살 남짓한 나이에 가족을 책임져야 하는 가장이 되어 버렸다. 그들은 어린 나이에도 불구하고 자신의 누이와 엄마, 동생들을 보호하려고 애를 쓰고 있었다. 전쟁은 절대로 어떠한 이유에서든 정당화될 수 없었다. 참혹한 전쟁은 아프가니스탄의 문화와 전통뿐만 아니라 사람들의 모든 행동을 가로막았다.

"1992년 파키스탄 난민 캠프에서 아프가니스탄 사람들을 보았을 때 저는 도대체 무슨 일이 일어났는지 믿을 수가 없었습니다. 저는 1970년대에 미국에서 교육을 받았기 때문에 캠프에서 마주친 난민들은 제게 충격이었습니다. 그들은 제가 아는 아프가니스탄 사람들이 아니었어요. 난민 캠프에 있는 사람들은 너무나 큰 상처를 입고, 대체 무슨 일이 일어나고 있는지를 알

파키스탄의 난민 캠프에 도착했을 때
그곳에는 750만 명의 난민들이 있었다.
그중 90%는 여성과 어린이였다.
대부분의 남성들은 전쟁 중에 죽었거나 아직 전쟁터에 있었다.

고 싶어 했습니다. 그러나 제게 가장 큰 아픔으로 다가온 것은 그들이 더 이상 다른 사람들을 믿지 않게 되었다는 사실이었습니다."

사키나 야쿠비 박사는 파키스탄 난민 캠프에서 새로운 사람들과 새로운 일을 시작했다. 난민들에게는 의식주뿐만 아니라 마음의 상처를 딛고 다시는 이런 불행한 일을 겪지 않도록 일깨우는 일이 가장 필요하다고 생각했다. 그들은 교육, 지식, 지혜, 개방성이 부족해 큰 어려움과 고충을 겪고 있었다. 그로부터 수년간 아니, 지금까지도 계속되는 전쟁으로 아프가니스탄의 문화는 황폐화되었고 교육 및 보건 시스템이 무너져 사람들은 자신과 가족을 제대로 보살필 수 없었다. 그들이 아는 것은 오로지 '생존과 전쟁'이었다.

나라의 모든 것이 파괴되었고 그것을 재건해 나갈 정부조차 없었다. 난민들은 서로 싸우거나 집을 잃었고 일자리도 없어 살길이 막막했다. 사회의 모든 구조가 무너지고 전쟁은 규범화되었다. 사람들이 어느새 옳고 그름을 결정하는 법을 잊어버리고 만 것이다.

"정말 절망적인 상황이었어요. 우리 국민들을 생각하면 가슴이 터질 듯이 아팠지만 나는 그들을 위해 무엇을 할 수 있을지 몰랐습니다. 저는 생각했습니다. '이 사람들을 위해서 내가 무엇을 해야 할까, 무엇을 할 수 있을까, 이 사람들을 어떻게 도울 수 있을까'를 말이죠."

사키나 야쿠비 박사는 난민 캠프에서 자신이 할 일을 찾아 나섰다. 발로 이리저리 뛰어다니며 이들에게 무엇이 가장 시급하고 필요한 일인지를 조사했다. 마침내 사키나 야쿠비 박사는 그들의 문제를 이해하게 되었다. 그들은 안전한 삶을 갈망하고 있었다. 사키나 야쿠비 박사는 '안전'을 제공해줄 프로그램을 만들기로 결심했다. 더불어 조국의 재건과 난민들의 재정착을 위해서는 아프가니스탄 여성들과 어린이들이 교육, 보건 서비스 및 직업 기술 훈련을 필수적으로 해야 한다고 생각했다. 무엇보다 자신의 삶과 나라를 일으키고 평화로운 일상을 되찾을 수 있도록 '삶의 기반'을 마련하는 일이 시급하다는 걸 알게 되었다.

4. 물라와 함께한 첫 번째 난민촌 학교

"교육은 제 인생을 송두리째 바꾸어 놓았습니다. 교육은 저에게 신분을 주었고, 자신감을 주었으며 직업을 주었습니다. 교육이 제 가족을 부양할 수 있게 해주고 다른 나라로 옮겨가게 해주고 안전하게 해준 것입니다. 저는 제가 우리 국민들에게 주어야 할 것도 바로 '교육'이라고 생각했습니다."

'교육과 건강'은 난민들에게 가장 필요한 일이자 가장 어려운 일이었다. 당시 여자아이들에게 교육은 철저히 금기시되었기 때문이다. 게다가 아프가니스탄을 침공했던 소련 때문에 사람들은 어느 누구도 믿으려 하지 않았다. 누군가가 자신에게 다가오는 것조차 두려워하며 지나친 경계심을 느끼고 있었다. 미국에서 교육을 받은 사키나 야쿠비 박사를 누구도 믿으려 하지 않았다. 야쿠비 박사는 이 지역사회에서 가장 우선시되어야 하는 것은 바로 '믿음을 얻는 일'이라는 사실을 깨달았다.

사키나 야쿠비 박사는 자신의 이야기를 이해할 수 있는 사람을 만날 때까지 캠프와 캠프를 옮겨 다니며 장로들과 이야기를 나누었다. 그러던 중, 한 난민 캠프에서 '물라'를 만나게 된다. 그는 훌륭한 사람이었고 지역사회에서 존경받는 인물이었다. 사키나 야쿠비 박사는 그에게 캠프에 있는 소녀들이 교육을 받기를 원하느냐고 물었다. 그는 소녀들이 교육을 원하지만, 그것을 현실화하려면 지역사회의 저항이 만만치 않을 것임을 알고 있었다. 이슬람 사회에서 여성의 교육을 받아들일 수 있을지, 교육이 무사히 지속될 수 있는지를 확신할 수 없었던 것이다. 이전까지는 공산주의자들이 부적절한 문화적, 종교적 방식으로 아프가니스탄 여성 교육을 강요했다. 이를 통해 아프가니스탄 사람들은 교육이 가치 있다고 믿지 않았으며, 교사들이 공산주의 체제에서 자랐다고 생각했다. 때문에 교사들을 절대 신뢰하지 않았다.

"교육은 제 인생을 송두리째 바꾸어 놓았습니다.
교육은 저에게 신분을 주었고, 자신감을 주었으며 직업을 주었습니다.
교육이 제 가족을 부양할 수 있게 해주고
다른 나라로 옮겨가게 해주고 안전하게 해준 것입니다.
저는 제가 우리 국민들에게 주어야 할 것도 바로 '교육'이라고 생각했습니다."

난민 캠프의 첫 학교는 그렇게 물라와 그의 아내, 가족,
지역사회 구성원과 학생들의 조용한 용기로부터 시작되었다.
다른 난민들은 그들의 용기와 실천을 통해, 희망이 없던 난민 캠프에
무슨 일이 일어나고 있는지 지켜보게 되었다.

야쿠비 박사는 물라에게 "여기 있는 사람들이 당신과 당신의 가족을 신뢰합니까?"라고 물었다. 그는 그렇다고 답했다. 박사는 물라에게 "그렇다면 당신이 여기 있는 사람들을 가르쳐 주실 수 있겠습니까?"라고 되물었고, 물라는 깜짝 놀라며 자신은 일반인일 뿐 선생님이 아니라고 대답했다. 박사는 그의 대답에 전혀 개의치 않았다.

"저는 이곳에 있는 분들을 교사로 훈련시켜 드릴 수 있습니다. 원하신다면 교사로 만들어 드리겠습니다."

물라는 일주일간 고민한 후, 사키나 야쿠비 박사에게 교사 교육을 받아 보겠다는 메시지를 보내왔다. 물라와 그의 가족은 자신의 집에서 난민 캠프의 첫 번째 학교를 열었다. 3개월 동안 사키나 야쿠비 박사는 그곳에서 매일 함께 일하며 물라를 교사로 훈련시켜 주었다. 그의 아내와 딸, 며느리도 수업에 참여했으며, 더 많은 소녀들이 공부하기를 원했기 때문에 시간이 지나면서 그들은 점차 교사로서의 자질을 갖추게 되었다. 처음에 작은 집에서 시작했던 수업은 텐트를 마련할 비용이 생기면서 복합 단지로 발전했고, 수업 역시 확장되어 곧 7개의 여학생 클래스가 마련될 수 있었다.

난민 캠프의 첫 학교는 그렇게 물라와 그의 아내, 가족, 지역사회 구성원과 학생들의 조용한 용기로부터 시작되었다. 다른 난민들은 그들의 용기와 실천을 통해, 희망이 없던 난민 캠프에 무슨 일이 일어나고 있는지 지켜보게 되었다.

이렇게 교육을 통해 작지만 큰 변화를 맛본 사키나 야쿠비 박사는 1995년부터 본격적으로 난민 캠프 지도자들과 함께 협력하여 교사를 키우고, 더 많은 소년소녀들을 교육하기 위한 학교를 설립하기 시작했다.

당시 난민 캠프에서는 '유엔난민기구의 규칙', '파키스탄의 법규', '여러 집단이 캠프에 설립한 규칙' 등 다양한 법률이 아프가니스탄 사람들에게 적용되고 있었다. 그들에게는 규칙 체계를 갖춘 기능적인 정부가 없었다. 또한 다양한 분야, 특히 교육 및 보건 분야의 법률이 부재했다. 그래서 사키나 야쿠비 박사는 아무것도 정해진 것이 없이 살아가는 난민들이 방황하지 않도록, 자기 자신을 위해 무엇이 공정하고, 도덕적인 것인지를 계속해서 찾아가게끔 도와주는 일을 했다. 그리고 차차 보편적인 법의 원칙을 깨달은 난민들은 자신의 삶을 그것에 적용하며 조금 더 가치 있고 발전적인 삶을 계획할 수 있게 되었다. 삶의 목적과 방향성을 생각할 수 있게 만드는 것, 결국 이는 척박한 환경에서 미래를 잃고 살아가던 난민들에게 삶의 희망을 건넨 것이나 다름없었다.

제2장

아프가니스탄의 미래를
설계할 아프간학습연구소

1. 아프간학습연구소의 설립

사키나 야쿠비 박사는 1995년 체계적인 난민 교육을 위해 파키스탄 난민 캠프에서 아프간학습연구소를 설립하고 페샤와르에 아프간학습연구소 사무실을 마련했다. 박사가 학습 센터를 기획한 데에는 여러 가지 이유가 있었다. 대외적으로는 1995년부터 아프가니스탄 국민과 파키스탄 내의 아프가니스탄 난민들에 대한 외국의 원조가 급격히 줄어들었고, 대내적으로는 소련의 침략으로 외국에 대한 불신이 극에 달했다. 다시 지역사회를 일으키기 위해서는 자국민의 힘이 절대적으로 중요한 상태였다. 더불어 파키스탄의 난민 캠프에 살게 된 대부분의 아이들은 아프리카의 난민 캠프와는 다르게 일시적으로 거주하는 것이 아니라, 한 번 거주하면 자신의 나라처럼 영구적으로 그곳에서 살아갈 수밖에 없다. 따라서 아프가니스탄과 많이 다른 교육 형식과 스타일, 교육에 필요한 것들에서의 차이를 줄여야 할 필요가 있었다. 아프가니스탄 내에서도 지속적으로 교육에 대한 지원이 필요함은 말할 것도 없었다.

어느 날 한 여성이 사키나 야쿠비 박사의 집 문을 두드리며 돈을 구걸했다. 그녀는 문밖에 세 명의 자녀를 세워 두고는 구걸을 하고 있었다.

"전 당신에게 돈을 줄만한 인도주의자가 아니에요. 당신에게 제가 해줄 수 있는 건 교육뿐입니다. 돈이 필요하다면 당신은 우리를 위해 요리사로서 일할 수 있어요. 다만, 한 가지 조건이 있습니다. 당신의 아이들을 학교에 보내야 해요."

그녀는 자신의 아이들이 거리에서 구걸을 하고 있어서 학교에 다닐 수 없다고 말했다.

"그럼 저는 당신을 도울 수 없어요."

사키나 야쿠비 박사의 말에 그녀는 아쉽다는 듯 발걸음을 돌렸다. 며칠 후 누군가 다시 박사의 집 문을 두드렸다. 며칠 전 세 자녀를 길가에 세워 두고 구걸을 한 여성이었다. 놀랍게도 그녀는 아이들을 학교에 보내겠다고 말했고, 그녀 자신은 아프간학습연구소에서 요리사로 일하게 되었다. 그녀의 삶은 어떻게 되었을까?

그녀의 딸은 아프간학습연구소에서 운영하는 학교에 다니며 고등학교를 마쳤고, 조산사가 되어 아프간학습연구소에서 운영하는 진료소에서 일했다. 그러고는 다시 학교로 돌아가 간호사가 되었으며, 현재까지 야쿠비 박사가 진행하는 프로그램의 간호사로 일하며 현재 어머니와 남동생들을 책임지고 있다. 가족 전체의 삶이 바뀐 것이다.

사키나 야쿠비 박사는 이 여성과 그녀의 딸이 아프간학습연구소의 역할과 존재의 이유를 대변한다고 생각한다. 작은 변화가 개인의 삶, 가정 그리고 지역사회의 변화를 가져온다는 것을 알 수 있는 대목이다.

어느 10대 소녀는 안전 문제를 이유로 아프간학습연구소에 다니는 것을 아버지가 허락하지 않았고, 1년을 기다린 후에야 비로소 교육을 받게 되었다. 마침내 문맹 퇴치 수업을 무사히 마친 그녀는 자신의 마을로 돌아갔고, 아버지와 나머지 가족 구성원의 허락하에 마을 소녀들을 위해 자신의 집에서 맞춤형 수업을 열기 시작했다. 이렇듯 한 번에 한 사람씩, 아프가니스탄은 그렇게 모두를 위한 기회를 제공하는 균형 잡힌 사회로 부활하고 있다.

사키나 야쿠비 박사가 추구하는 교육은 한 개인에 머물러 있지 않다. 개인은 물론 지역사회도 혜택을 누릴 수 있는 방법을 연구하고 실행한다. 그렇게 설립된 아프간학습연구소는 2016년까지 1,400만 명의 사람들에게 교육,

사키나 야쿠비 박사는
1995년 체계적인 난민 교육을 위해 파키스탄 난민 캠프에서
아프간학습연구소를 설립하고 페샤와르에
아프간학습연구소 사무실을 마련했다.

훈련 및 보건 서비스를 제공했다. 그녀의 교육과 서비스로 아프가니스탄 사람들은 서서히 변화를 경험하고 있다. 학습의 씨앗이 심어져 열매를 맺고 있는 것이다. 개인들은 아프간학습연구소를 모델로 배우고 있으며, 지역사회에서 프로젝트를 시작한다.

활동 초기, 사키나 야쿠비 박사는 여러 난민 캠프를 방문하며 설문조사를 벌인 결과, 그들에게 가장 필요한 것은 '교육'이라는 것을 알아냈다. 게다가 그것은 사키나 야쿠비 박사에게 가장 자신 있고 가장 잘 해낼 수 있는 일이며 자신의 존재 가치를 높일 수 있는 유일한 일이었다.

"만약 누군가 나에게 '당신의 삶에서 가장 자랑스럽게 여기는 한 가지가 있다면 그것이 무엇입니까?'라고 묻는다면 '아프가니스탄에 교육 시스템을 만든 것'이라고 대답할 겁니다."

사키나 야쿠비 박사는 모든 것을 잃은 난민들에게 교육의 기회를 넓히고 더 나아가 사회와 국가의 재건을 위해 지역사회 구성원, 여성들과 함께 교육 및 보건센터를 시작했고, 지방 정부 기관 및 지역사회는 학교 교육의 질을 높이기 위해 노력했다. 현재 파키스탄과 아프가니스탄 마을 곳곳에 건립된 지역사회센터에서는 아프간학습연구소의 지원을 발판 삼아 비교적 다양한 프로그램들이 운영되며, 그중에서도 소녀 및 소년을 위한 영어 및 컴퓨터 수업이 가장 활발하게 이뤄지고 있다고 한다.

아프가니스탄 카불 지방의 한 농촌 마을 공동체의 회원은 아프간학습연구소 진료소를 위해 자신의 땅을 기증했으며 또 다른 소녀는 여학생 학교가 지어질 때까지 소녀들을 교육하기 위한 공간으로 써 달라며 자신의 방을 제공해 주었다. 교육을 받고 싶어 하는 소녀들이 많아서 방이 너무 좁아지자,

지방 교육 당국은 전통을 깨는 파격적인 협조를 해주었다. 소녀들을 소년 학교에서 오후 시간에 공부할 수 있도록 한 것이다. 또한 아프간학습연구소가 그 지역의 교사를 교육시켜 모든 학생들이 아프간학습연구소 아래 공부하는 사람들만큼 양질의 교육을 받을 수 있도록 요청했다.

아프가니스탄은 점점 사키나 야쿠비 박사가 기억했던 어린 시절의 모습으로 되돌아가고 있다. 가족은 '소녀를 포함한' 자녀들이 교육을 제대로 받는지 확인함과 동시에 가정 내에서도 교육을 실천하고 있으며, 그들이 당면한 문제를 해결할 새로운 방법을 찾고 있다. 자신의 가정에 지식과 희망의 선물을 가져오기 위해 점차 세상의 위험과 마주하는 셈이다. 이것은 한 번에 한 걸음씩 나아가는 용기와 자유의 건설이다.

2. 목숨을 건 탈레반과의 숨바꼭질, 80개의 지하학교

아프가니스탄 정부의 부패와 정치적 갈등이 심화되던 시기인 1994년 10월, 아프가니스탄 남부 칸다하르에서는 1만 5천여 명의 학생들이 중심이 된 수니파 무장 이슬람 정치 조직이 등장했다. 이들이 바로 탈레반이다. 그들은 결성 이후 아프가니스탄의 오랜 내전과 무장 게릴라 조직의 반군 활동을 종식시켰지만, 국토의 80%에 해당하는 지역을 장악하며 사상 최악의 인권 유린을 자행했다. 특히 여성과 아이들에 대한 무자비한 폭력과 통제는 전 세계적으로도 악명이 높다.

사키나 야쿠비 박사가 아프간학습연구소를 설립하고 여성들과 아이들을 위해 학교를 시작하던 때, 탈레반의 권력은 최강이었다. 실제로 탈레반 정권 하에서 아프가니스탄 여성들은 사상 최악의 인권 유린을 겪었다. 밖에 나갈 때는 물론 집 안에서도 모든 여성이 머리부터 전신을 감싸는 부르카를 쓰도록 강요당했으며 부르카를 쓰지 않았다는 이유로 매를 맞거나 처형을 당하기도 했다. 뿐만 아니라 5년 동안이나 남자나 가족들의 동의가 없이 학교나 직장에 나가는 것을 비롯한 모든 외부 출입은 법으로 금지되었고 자신을 부양할 사람이 없으면 여성들은 삶 자체를 유지해 나갈 수도 없었다.

1994년 이전, 아프가니스탄 여성과 소녀들은 얼마 안 되는 인원이었지만 학교에 다닐 수 있었다. 그러나 탈레반이 정권을 잡은 후 소녀들을 위한 교육은 금지되었다. 그리고 모든 여학생 학교를 폐쇄했다. 이슬람 근본주의를 앞세운 그들은 여성들을 극단적으로 탄압하며 점점 민심을 잃었다. 그들은 교육이 사람들을 생각하게 만든다는 걸 알고 있었다. 생각을 하면 어떠한 요구들이 생겨난다. 밖에 나가고 싶다거나 교육을 받아서 무언가 다른 것을 하고 싶다거나 더 큰 세계로 나가고 싶다는 열망을 품게 된다. 탈레반은 그것을 막고자 했다. 교육을 받지 못한 사람은 그저 그들의 꼭두각시가 될 수 있기 때문이다.

여학생 학교가 모두 폐교된 아프가니스탄 본국에서, 교육에 대한 끈을 놓지 못했던 교사들은 아프간학습연구소에 대해 듣게 되었다. 그리고 사키나 야쿠비 박사에게 소녀들을 교육하기 위한 지하학교 지원을 요청했다. 야쿠비 박사는 즉시, 여성 교사들이 이끄는 아프간공동체와 함께 지하학교를 열었다. 이는 엄청나게 위험한 일이었다. 학교가 발견되면 교사, 소녀 및 소녀의 부모는 폭행당하고 투옥되거나 심지어 살해당할 수도 있는 상황이었다. 실제로 그런 일들은 빈번하게 자행되어 왔고, 그런 이유로 많은 소녀와 여성들이 교육을 받는 것에 두려움을 가지고 있던 상황이었다.

그러나 이러한 위험을 무릅쓰고 야쿠비 박사와 교사들은 학교를 열었다. 소녀들은 공부를 계속하고 싶어 했고, 선생님들은 그런 열망에 휩싸인 아이들을 가르치길 원했다. 소녀들과 교사들이 직면한 위험은 상상할 수도 없을 정도였다. 소녀들은 부르카를 쓰고 시간을 달리해서 선생님 집에 와야만 했다. 학생들이 안전할 수 있도록 교사와 부모들은 학생들의 등교 방법을 계획했고, 지역 주민들은 어떻게 하면 아이들과 교사들을 보호할 수 있을지 논의하기 위해 정기적인 회의를 가졌다. 모든 사람들을 안전하게 지키기 위해서는 지역사회의 모든 사람들의 동의를 구해야 했다.

어느 날, 사키나 야쿠비 박사가 파키스탄 페샤와르의 사무실에 있을 때 갑자기 직원이 그녀의 방으로 뛰어 들어와 문을 걸어 잠그며 말했다.

"도망치세요, 얼른 숨으세요!"

박사는 어리둥절했다. 그러나 그녀는 특유의 강단이 있었다. 목숨이 위태

로울 수도 있는 상황이었지만 직원이 잠가 놓은 문을 열고 누군가를 맞아들일 수밖에 없었다. 그러자 건장한 남자 9명이 사무실로 들이닥쳤다.

"무슨 일이십니까?"

그녀는 차분하지만 힘 있는 어조로 그들을 향해 물었다. 탈레반이었다. 검은 옷에 검은 터번을 쓰고 매우 험상궂은 얼굴로 사키나 야쿠비 박사를 노려보는 그들을 향해 그녀는 담담하게 차 한 잔석을 권했다. 그러나 탈레반은 거절했다. 그들은 특유의 무서운 말투로 물었다.

"지금 여기서 무슨 일을 벌이는 거요? 여자애들에게 학교는 금지라는 것을 모르는 거요? 여기서 뭘 하고 있는 거요?"

당시 야쿠비 박사는 머리부터 발끝까지 검은색 히잡을 두르고 있어 눈밖에 보이지 않는 상태였다. 그녀는 오히려 그들을 똑바로 바라보며 이렇게 말했다.

"학교요? 어떤 학교요? 학교가 어디에 있습니까?"

머리털이 곤두서고 두 다리가 떨렸지만 그녀는 강하게 잘 버텨내고 있었다. 오히려 자신들의 질문에 반문을 하는 박사를 앞에 두고 그들은 더욱더 강력한 어조로 몰아붙였다.

"여기에서 여자애들을 가르치고 있잖소."

"여기는 어떤 사람의 집입니다. 이곳에 오는 아이들은 경전인 코란을 배웁니다. 여러분도 아시다시피 경전을 배우면 여성은 좋은 아내가 되어 남편에게 순종하게 되지요."

그들은 서로의 얼굴을 쳐다보며 파슈토어로 말을 주고받았다. 서로 속삭이더니 이내 "그냥 가자, 별 문제 없어 보이는군." 하며 나가려고 했다. 그러나 사키나 야쿠비 박사는 그들에게 다시 차 한 잔을 권했고 그들 역시 다시 자리에 앉아 차를 마시며 즐겁게 웃었다. 그때 직원들이 박사의 방으로 몰려들었다. 직원들은 어떤 상황이 벌어질지 몰라 두려움에 떨고 있었으며, 한편으로는 그들이 어째서 야쿠비 박사와 수다를 떨며 웃고 있는지 이해할 수가 없었다. 하지만 이내 직원들은 무사한 그녀의 모습에 안도하고 기뻐했다. 사키나 야쿠비 박사 역시 자신이 살아 있음에 감사했다.

이러한 위험에도 불구하고 사키나 야쿠비 박사가 이끄는 아프간학습연구소는 2001년까지 아프가니스탄의 5개 주에서 80개의 지하학교를 지원했다. 지역사회의 합일된 결단으로 한 학교도 폐쇄되지 않았으며, 그 결과 3,000명의 소녀들에게 지속적인 교육을 지원할 수 있었다. 대부분 1학년에서 3학년의 학생들이었지만 일부 학교는 8학년까지 학생들이 있었다.

14년이라는 시간이 흐른 뒤, 난민 캠프와 지하학교에서 가까스로 교육을 받았던 이 소녀들은 현재 다양한 대학교에 진학하여 공부를 이어가고 있다. 그리고 사키나 야쿠비 박사는 더 많은 지역에서 아프간학습연구소 산하의 여성러닝센터(WLC, Women's Learning Center)를 시작했다.

사키나 야쿠비 박사는 이후에 탈레반이 무너지고 소녀 교육 금지 조치가 해제되자, 드디어 길고 긴 어두운 세월을 견딘 지하학교를 폐쇄했다. 그리고 학생들을 공립학교에 진학시키거나 새로 오픈한 여성러닝센터에서 공부를 이어가도록 도왔다. 센터에서 아이들을 가르치던 교사들은 공립학교로 다시 돌아갈 수 있었다. 소녀들과 어머니, 할머니는 현재 아프간학습연구소 여성러닝센터에서 읽고 쓰는 법을 배우며 더불어 인권, 여성의 권리, 리더십 및 평화에 대해서도 배우고 있다. 지역사회의 도움을 얻으면서도 개

위험에도 불구하고 사키나 야쿠비 박사가 이끄는 아프간학습연구소는
2001년까지 아프가니스탄의 5개 주에서 80개의 지하학교를 지원했다.
지역사회의 합일된 결단으로 한 학교도 폐쇄되지 않았으며,
그 결과 3,000명의 소녀들에게 지속적인 교육을 지원할 수 있었다.

인과 사회가 함께 발전할 수 있는 방향을 찾게 된 박사는 더욱 지역을 넓혀
갔고, 여성러닝센터를 비롯해 클리닉과 인권 워크숍 등 많은 일들을 진행할
수 있게 되었다.

탈레반의 몰락 이후 사키나 야쿠비 박사는 교육의 혜택을 받지 못하는
더 깊숙한 곳의 사람들을 찾아 나섰다. 아프간학습연구소와 그녀는 시골에
서 연달아 학교를 개교하기 시작했다.

3. 99%의 문맹률을 낮추는 '문맹 퇴치 클래스'

아프가니스탄의 문맹률은 90%에 육박한다. 세계에서 가장 높은 수치다. 15세 이상 인구의 28.1%만이 읽고 쓸 수 있으며, 여성의 문해율은 이보다 훨씬 낮은 수치인 12.6%이다. 사람이 문자를 읽지 못하면 이토록 발달된 사회에서 살아가기란 충분하지 않다.

사키나 야쿠비 박사는 이 엄청난 문제를 해결하기 위해 새롭고 혁신적인 방법을 시도했다. 아프가니스탄 최초로 휴대전화의 문자 메시지 기능을 이용한 문자 학습 프로그램을 개발한 것이다. 이 프로그램은 기존의 아프간학습연구소 교실에서의 문자 교육을 보완한 것으로, 휴대전화 문자를 통해 전송되는 지시 사항을 학생이 수행하는 방식으로 이루어졌다.

사키나 야쿠비 박사는 휴대전화로 질문에 대한 답변을 입력하는 방식이 문자 학습에 시너지를 낼 수 있는지 연구했다. 2011년 5월부터 2012년 5월까지 프로그램을 시범적으로 운영하기로 결정한 뒤 아프가니스탄 시골 지역의 아프간학습연구소 교육센터 2곳에서 50명의 학생들을 선발했다. 학생들은 각각 표준 2G 시스템의 휴대전화 단말기, 전화카드, 공책을 지급받았고, 선생님들은 학생들에게 매일 문자를 보냈다. 학생들은 수신 문자를 읽고 그 답을 문자 메시지로 답장함으로써 독해력과 쓰기 능력을 키웠다. 학생들은 한 달에 두 번 평가 시간에 참석해 수업을 받는 것은 물론, 진행 상황을 모니터하며 도움을 받는 방식으로 연구에 참여했다.

결과는 놀라웠다. 문자 메시지 학습을 병행하여 5개월 동안의 수업을 마친 학생 중 83%는 읽기와 쓰기의 두 단계를 생략할 수 있었다. 통상적으로 18개월이 걸리는 과정이었다. 기본 문자 습득에 걸리는 시간을 반 이상 줄인 것이다. 예상보다 큰 성공이었다.

더불어, 문자 교육뿐 아니라 IT기기의 이용법도 함께 숙지시킨 덕분에 아프가니스탄 여성들의 정보 접근이 용이하게 되었으며, 컴퓨터와 ICT 교육을 위한 기반이 닦였다. 또한 비상 통신 수단을 제공함으로써 개인 안전이 증진되는 결과를 가져왔다. 이 프로그램은 정부의 지원을 받지 못하는 여성과 소녀들에게 문자를 교육시키는, 만민 교육의 가치를 바탕으로 개발되고 시행된 방법이었기에 그 의미가 더욱 크다. 프로젝트가 끝난 후 한 참여자는 다음과 같이 소감을 밝혔다.

"저는 사베라입니다. 22세이고 결혼했으며 2명의 아이가 있습니다. 이 수업을 듣기 전, 저는 읽고 쓰지 못할 때 부끄럽고 당황스러움을 느꼈습니다. 항상 읽고 쓰기를 배우고 싶다는 생각이 마음속에 있었지요. 지금까지 저는 저의 삶을 즐기지 못했지만, 이 수업을 통해 제 삶이 변화되고 있다는 것을 느낍니다. 더 이상 부끄러울 것이 없습니다. 저는 이제 읽고 쓰고, 셈을 하며 휴대전화를 통해 올바른 소통을 할 수 있습니다. 이러한 일상적인 일을 처리할 수 있게 되어 스스로를 매우 자랑스럽게 생각합니다. 저는 더 이상 맹인이나 벙어리가 아닙니다. 이제 배움과 소통의 가치를 알게 되었습니다. 이 수업이 끝나면 반드시 정규 학교를 다닐 것이며 저 자신과 아이들의 밝은 미래를 스스로 만들어 나갈 것입니다."

그러나 프로그램을 실시하는 길이 순탄치만은 않았다. 가장 큰 복병은 바로 '아프가니스탄 문화가 휴대전화라는 문명의 산물을 받아들일 수 있는가'였다. 당시 아프가니스탄 내부는 여전히 남아 있는 소련 침략의 여파, 미국과의 전쟁 등으로 인해 타 문명에 대한 적개심이 산재한 상태였다. 그래서 외부 세계의 것을 받아들이는 것에 거부감이 상당히 높았다. 폭력과 공포와 의심

사키나 야쿠비 박사의 휴대전화 문자 메시지 교육은
다른 나라에서는 단순히 문맹 퇴치 교육으로 적용되겠지만,
아프가니스탄 여성에게는 그 이상의 훨씬 큰 의미가 있다.
이제 그들은 정보와 아이디어, 희망과 꿈을 공유하는
네트워크를 구축할 수 있게 된 것이다.

의 마음은 보수성을 높인다. 사람들은 근본 가치로의 회귀가 안정에 도움이 되기를 바라는 마음으로 보수주의를 받아들인다. 그들의 보수적인 조치는 '격리'였다. 남성은 여성과 어린이를 안전하게 지키기 위해 그들을 교육과 보건 서비스에서 격리시켰다. 학교가 불타면 부모는 자녀를 보호하기 위해 집에서 나가지 못하게 하고, 외부인이나 외국인들의 눈에 띄지 않도록 약자들을 가정에 숨겼다.

그러므로 그들의 문화 기준에서 휴대전화는 잠재적인 위협으로 간주됐다. 사람들은 가족 구성원들이 인터넷에 접속하여 전 세계 모든 사람과 소통할 수 있게 되었을 때 일어날 일들을 두려워하고 있었다. 사키나 야쿠비 박사의 교육에 협조적으로 참여하던 가정들도 딸이 휴대전화에 접근하는 것을 극도로 꺼려하며 교육을 중도 포기를 시키려는 부모가 여럿 있었다.

프로그램에 참여한 여성과 소녀들은 문자 메시지를 사용하며 더 넓은 세상을 만날 수 있었고, 휴대전화로 정보를 습득하며 전 세계의 다른 여성들과 동일한 입장이 되었다. 학생들은 집에 돌아가서 어머니들에게 휴대전화를 사용할 수 있도록 가르쳤고, 어머니들은 아프가니스탄 주변의 가족들과 전화로 소통할 수 있게 되었다. 한 소녀는 "이 수업 전에 어머니는 휴대전화의 사용법을 전혀 몰랐어요. 저는 어머니에게 전화의 모든 것을 알려줬죠. 어머니는 이제 저의 도움 없이 누구와도 전화를 걸고 받을 수 있어요."

처음 휴대전화 문자 메시지 학습을 시작했을 때, 그것의 주목적은 우선 여성들에게 읽기 및 쓰기를 가르치는 것이었다. 그런데 휴대전화 사용법을 배운 후 여성들에게 완전히 새로운 통신 수단이 열렸고, 그로 인해 친구들 혹은 가족들과 그녀들이 새로운 소통의 창구를 갖게 되었다. 아프가니스탄은 인구의 85%가 휴대전화 네트워크에 속해 있다. 그러나 인터넷에 정기적으로 접속하는 인구는 3.5%에 그친다. 그 가운데 여성들에게 휴대전화를 사용하도록 가르치는 것은 고립된 여성들에게 완전히 새로운 세계를 열어 주는 것이나 다름없다. 여성들은 안정적으로 인터넷에 접근할 수 있게 되었고, 집을 떠나지 않더라도 다른 사람들과 대화할 수 있게 되었다. 시범 기간 동안 프로젝트에 참여한 여성들은 교사의 질문에 문자로 답하는 것을 연습했지만, 이후 누군가와 서로에게 문자 메시지를 주고받을 수 있게 되었다. 한 소녀는 이 수업을 통해 자신이 얻은 것에 대해 이렇게 말했다.

"저는 이 수업에서 11명의 친구들을 사귀었고, 언제든지 휴대전화를 사용해 그 친구들과 연락할 수 있어요."

아프가니스탄의 여성들은 읽고 쓰는 법을 배우면서 삶의 활력을 얻게 되었고, 휴대전화를 사용하게 되면서 자유로운 의사소통을 할 수 있게 되었다. 사키나 야쿠비 박사의 휴대전화 문자 메시지 교육은 다른 나라에서는 단순히 문맹 퇴치 교육으로 적용되겠지만, 아프가니스탄 여성에게는 그 이상의 훨씬 큰 의미가 있다. 이제 그들은 정보와 아이디어, 희망과 꿈을 공유하는 네트워크를 구축할 수 있게 된 것이다.

4. 유아부터 성인까지, 평생 학습 과정 설계

"난민들에게 어떤 교육이 필요할까요? 읽고 쓰는 법을 가르치는 교육이 있습니다. 그러나 아프가니스탄에서는 그것만으로는 충분하지 않았습니다. 아프간학습연구소에서는 사람들을 진정으로 도울 수 있는 유일한 방법은 '비판적 사고'를 할 수 있도록 교육하는 것이라고 생각합니다. 비판적 사고를 가르치면 사람들이 소통을 하기 시작합니다. 질문을 하고, 일을 하는 다양한 방법에 대해 생각하고, 이를 바탕으로 해결책을 마련합니다. 그것이 우리의 목표였습니다. 우리는 사람들에게 생각하는 법을 가르치기 위한 프로그램을 개발하고 설계했습니다."

무려 32년간의 전쟁으로 사람들은 생각하는 법을 잊어버렸다. 전쟁은 사람들의 사고 능력을 완전히 무너뜨렸고, 두려움에 떨게 했다. 사키나 야쿠비 박사가 학교를 세운 뒤, 사람들은 조금씩 비판적으로 사고하는 법을 익혔다. 이는 수동적이던 여성들을 서로 질문하며 수업에 적극적으로 참여하도록 변모시켰다. 여전히 아프가니스탄은 분쟁 중이며 여기저기서 폭탄이 터지고 납치나 방화, 강력 범죄가 잇따른다. 이곳에 평화를 가져올 수 있는 유일한 방법은 교육뿐임을 아프가니스탄 사람들은 차차 알게 되었다.

교육이 공동체의 신뢰를 다시 일으켜 세우고, 아프가니스탄 사람들이 평화롭고 풍요로운 삶을 만들 수 있는 지식과 기술을 가지고 있다는 자신감을 재건하는 씨앗이 되길 사키나 야쿠비 박사는 늘 바라고 있다. 난민 캠프에서의 교육은 혼란스러운 사람들에게 일종의 규칙을 만든다. '스스로를 위해 할 수 있는 것, 즉 공정하고(fair), 도덕적이며(moral), 정당한(justice) 것'들에 대해 가르치고 이것들이 이 세상을 살아가는 보편적인 원리임을 난민들에게 지속적으로 전하고 있다. 또한 남성과 여성이 서로 동등하며 누가 누구를 지배하거나 무고한 생명을 살해할 수 있는 어떠한 우월적 지위도 가지지 않는다는 것을 가르친다.

누군가는 먹고살기도 바쁠 난민들에게 교육이 왜 필요하냐고 반문할지도 모른다. 지금 당장 삶을 유지하기도 벅찰 그들에게 책을 펴고 공부를 하는 것이 어떤 도움이 될지 궁금해 하는 사람들도 있다. 그러나 현재는 곧 미래를 의미한다. 그 때문에 교육은 필요하다. 아래의 파티마 이야기는 우리에게 교육의 진정한 의미를 다시금 되새기게 만든다.

파티마는 8살 무렵 친척에 의해 아프가니스탄 서북쪽의 도시 헤라트에 있는 소녀 고아원에 보내졌다. 부모님은 모두 돌아가셨고, 형제는 아무도 없었다. 그녀의 삶은 너무도 비참하고 절망적이었다. 파티마가 가까스로 아프간학습연구소를 찾아왔을 때는 아프간학습연구소가 고아원과 협력하여 여성러닝센터를 설립하고 방과 후에 컴퓨터와 양장 수업을 제공할 즈음이었다. 파티마는 많은 이들의 도움으로 학교에 다니게 되었고 그 수업들을 들을 수 있었다. 파티마는 어느덧 8학년이 되었으며, 우수한 컴퓨터 활용 능력과 양장 기술을 가지게 되었다. 현재 파티마는 헤라트의 한 NGO 소속 양장 선생님으로서 학생들을 가르치고, 아이들의 컴퓨터 작업을 돕고 있다. 매달 급여를 받기 때문에 파티마는 이제 스스로가 일을 해서 번 돈으로 자신이 하고 싶은 것을 마음껏 할 수 있게 되었다. 교육이 파티마의 삶을 바꾼 것이다. 파티마는 아프간학습연구소와 함께 하게 된 것을 엄청난 행운이라고 생각한다. 그녀는 어린 학생들의 숙제를 도우면서 고등학교를 마칠 예정이고, 대학에 진학해서 선생님이 되겠다는 꿈을 키우고 있다.

사키나 야쿠비 박사는 현재 아프가니스탄 헤라트와 파키스탄 페샤와르에 44개의 교육센터를 설립했다. 유치원부터 대학까지 인간의 전 생애에 걸쳐 전체론적인 교육의 기회를 제공함으로써 난민들의 삶의 질을 전반적으로 향상하는 데 목적을 두었다. 2015년에만 해도 아프간학습연구소는 16,583명의 여성을 포함한 24,891명의 학생들을 가르쳤다. 수업은 아주 다양한 과목으로 진행되며, 수업의 내용은 각 지역사회의 요구를 참작하여 결정하는 민주적인 절차를 따랐다.

학습 과목은 수학, 읽기, 아랍어, 영어, 물리, 화학 등이며 직업 교육으로는 바느질, 컴퓨터, 아프가니스탄 예술과 공예, 기초 학교 수업 등을 수강할 수 있다. 또한 건강, 리더십, 선거, 민주주의, 자신감 및 역량 강화 레슨도 제공한다. 언제나 사람들의 번뜩이는 아이디어로 가득 차 있는 활기찬 교육센터는 아프가니스탄인들의 교류와 공유의 장이 되고 있다. 아프간학습연구소를 만나기 전, 집과 난민 캠프에 갇혀 있었던 학생들은 이제 사회로 나와 변혁가로 활동한다. 새로운 생각과 행동 방식을 소개하며 스스로와 주변 사람들의 능력과 미개발 기술들을 발견하고 있다.

끊임없는 변화를 계속해서 만드는 것은 그리 어려운 일이 아니다. 당장 어려운 형편에 공부는 사치라고 여기는 사람들에게 사키나 야쿠비 박사는 이렇게 말한다.

"열린 마음이 지속적인 변화를 만듭니다. 교육을 통해 자신을 바로 세우고, 가족과 가정을 보살피고, 더 나아가 미래세대 전체가 교육으로 깨어나길 기대합니다. 난민들의 교육은 난민 문제의 미래를 위해서라도 우리 모두가 반드시 풀어내야 할 숙제입니다."라고 말이다.

"아프간학습연구소에서는 사람들을 진정으로 도울 수 있는
유일한 방법은 '비판적 사고'를 할 수 있도록 교육하는 것이라고 생각합니다.
비판적 사고를 가르치면 사람들이 소통하기 시작합니다.
질문을 하고, 일을 하는 다양한 방법에 대해 생각하고, 이를 바탕으로
해결책을 마련합니다. 그것이 우리의 목표였습니다."

"열린 마음이 지속적인 변화를 만듭니다.
교육을 통해 자신을 바로 세우고, 가족과 가정을 보살피고,
더 나아가 미래세대 전체가 교육으로 깨어나길 기대합니다.
난민들의 교육은 난민 문제의 미래를 위해서라도
우리 모두가 반드시 풀어내야 할 숙제입니다."

5. 아프가니스탄 정부의 교사 양성 교육 과정 인정

교사 양성은 초창기부터 아프간학습연구소의 주된 미션이었다. 문제 해결 능력과 비판적인 사고가 가능한 독립적인 개인들을 배출하려면 이들을 가르칠 수 있는 '숙련된 교사'들이 필요하기 때문이다.

아프간학습연구소의 교사 연수 워크숍 및 세미나는 강의 스타일을 개선하고 다양한 정보의 품질을 높이는 데 초점을 맞춘다. 연수의 주제는 다양하며, 학생들에 대한 이해와 교실 안에서 발생할 수 있는 문제들에 대한 부분이 주를 이룬다.

교사 훈련 기간 동안 교사는 교실을 조직하고, 학생과 의사소통하고, 서로의 권리를 존중하고 이해하는 전략에 대한 아이디어를 공유하도록 교육받는다. 연수 강사는 새로운 기술을 가르치기 위해 일방적인 교육만 제공하는 것이 아니라, 제안, 조언, 전략 및 활동을 통해 교사들과 지식을 나눈다. 강사들이 자신의 아이디어를 제안하며 토론을 열 때, 교사들은 개방적이고 상호작용하는 교실 분위기를 모델링하여 자유롭게 아이디어를 공유하고 토론할 수 있도록 한다. 또한 강사는 신입 교사의 교실을 방문하여 새로운 기술을 적용할 수 있도록 돕기도 한다. 아프간학습연구소의 교육학 세미나를 완료하려면 교사들은 교사 강사의 도움을 받아 만족스럽게 이러한 기술을 사용할 수 있어야 한다.

또한 훈련 과정에서는 인권과 평화에 관해 토론할 기회가 자주 주어지는데, 이는 교사의 가르침과 인권을 존중하는 방식으로 수업을 계획함으로써 실제 현장에서도 학생들의 인권을 자연스럽게 존중할 수 있게끔 한다. 아프간학습연구소의 교사는 학생들에게 폭력, 위험 또는 협박을 사용하지 않는다. 대신에 수업을 계획하고 준비하는 과정에 학생을 참여시킨다. 워크숍에서는 어떻게 학생들에게 동기를 부여하며, 학생들의 생각을 존중하고, 개개인의 재능을 육성하며, 질문과 비판적인 사고의 능력을 개발하고 권장할지를 배우고, 그 외에도 수업 계획의 정형화, 목표 설정, 청소년 심리학 등을 함께 배운다. 이렇게 다양한 사고를 촉진하는 수업 방식을 연수받은 교사는 실제로 질문과 답변, 소그룹 활동, 역할극, 대중 연설, 긍정적인 피드백, 시각적인 자료, 학생 주도 학습 방법 등을 활용하여 학생들이 주도적으로 참여하는 면학 분위기를 조성하며, 수업 시간에 발생할 수 있는 문제를 해결하기 위해 함께 논의한다.

2015년에 아프간학습연구소에서는 862명의 교사들을 위한 46회의 세미나와 워크숍을 개최했다. 놀랍게도, 한 워크숍의 참가자 50% 이상이 여성이었던 적도 있었다. 또한 아프가니스탄의 새로운 지역인 고르에서도 아프간학습연구소 교사 연수를 개최했다. "고르에서 살아남으려면 총을 지녀야 한다!"는 말이 있을 정도로, 고르 지역은 생존권을 위협하는 심각한 보안 문제로 인해 불안정한 곳이다. 모든 소모품을 다른 지역에서 들여오므로, 발전기에 사용되는 디젤 연료를 포함한 물가가 상당히 비싸기도 했다. 이곳에서의 연수는 30명의 여성이 포함된 90명의 대학생 및 학교 교사를 대상으로 3회, 12일 일정으로 진행되었다. 전문적인 훈련이 부족했고, 따라서 전통적인 교육 방법을 고수하던 이 지역의 교사들은 연수를 통해 많은 변화를 보였다. 하루는 주제에 관심이 있는 사람이 너무도 많아, 사전 등록된 40명 이상의 교사들이 참석하기도 했다.

이렇듯 아프간학습연구소의 교사 양성 과정은 헤라트와 카불을 넘어 많은 지역에서 신청자가 몰려들고 있으며 정부 기관에서도 사키나 야쿠비 박사의 교수법에 관심을 가지고 적극적으로 수용하고 있다. 야쿠비 박사의 '교육의 기본 원리 집중 교육'은 박사에게 '난민 교육의 어머니'라는 타이틀과 '세계교육혁신지도자상', '헤롤드 W. 맥그로 주니어상'을 수상하는 영예를 안겨 준 최고의 발명품이었다.

사키나 야쿠비 박사는 의도적으로 이런 원칙들을 연구한 것이 아니었다. 오히려 이는 함께 일하는 사람들의 합의에 의해 도출된 결과다. 연구에 투자할 시간이나 돈이 부족했기 때문에 모두들 곧바로 학교와 진료소를 비롯한 현장으로 뛰어들었고, 투입된 후에야 여러 가지 훈련을 시작할 수밖에 없었다. 아프간학습연구소의 직원들과 교사들은 아프가니스탄의 문화, 전통 및 종교에 비추어 그들에게 무엇이 중요한지 스스로 의논했고, 자신들의 규칙과 표준 및 철학, 즉 본질적으로 아프가니스탄 사람들이 안전하다고 느낄 수 있는 교육법을 마련하기 위해 애썼다. 그리고 이는 함께 일하는 것에 대한 서로의 신뢰를 구축하는 발판이 되었다. 그들의 철학에 입각해 세운 규칙들은 다음과 같다.

1. 우리는 건강과 보건이 기본적 인권이라 생각한다. 따라서 사람들이 교육을 받고 건강하게 되기를 바란다.
2. 우리는 사람들이 자유롭고 스스로 생각하고 함께할 수 있기를 바란다.
3. 우리는 모든 사람들을 평등하고 존엄하게 대할 것이다. 우리는 그들과 그들의 문화를 존중할 것이고, 함께 일하는 사람들에게 평등을 요청할 것이다.
4. 우리는 우리가 제공할 프로그램에 대한 의사 결정에서 관련된 풀뿌리

단체들의 사람들과 함께하겠다.

5. 우리는 사람들이 학교와 진료소에 무언가 기여하여, 그들이 프로젝트에 대한 책임감과 주인 의식을 느끼기를 바란다.

이러한 원칙을 따르는 교사에게서 수업을 들은 학생들은 입을 모아 이렇게 말한다. "따뜻하고 존중받는 분위기에서 교육받는다는 점 때문에 이곳 교육센터의 학생이 된 것을 대단히 운이 좋게 생각합니다. 아프간학습연구소의 선생님들은 친절하게 학생들의 문제를 해결해 줍니다.", "저는 문맹 퇴치 수업을 시작했으며, 현재 8학년 학생 수준으로 읽고 쓸 수 있습니다. 우리는 이 센터가 매우 안전하다고 느낍니다. 특히 우리가 공부하는 여성러닝센터는 매우 친절합니다.", "연수 강사의 모든 말과 태도는 우리에게 교훈이 되었고, 강사의 행동과 태도로부터 교육적으로 많은 유용한 것들을 배웠습니다. 세미나 후 실제 수업에서도 좋은 결과를 얻게 되었습니다."

학생들은 잘 훈련된 교사를 통해 센터에서 커리큘럼에 따라 공부하는 것뿐만 아니라 비판적인 사고력을 기르고, 타인에 대한 열린 마음을 키우고, 세상을 살아가는 지혜 및 윤리를 배워 나가고 있다. 서로 존중하는 분위기를 느끼며 교육받은 학생들은 훗날 아프가니스탄이 조금 더 따뜻하고 민주적인 국가로 변모하는 데 이바지할 재원으로 자라날 것이다.

6. 소년들도 교육을 원한다

2002년 초의 어느 날, 사키나 야쿠비 박사는 4명의 교육관과 1명의 경호원을 데리고 아프가니스탄의 수도인 카불 북부를 향해 가고 있었다. 그때 갑자기 19명의 소년들이 길을 막아섰다. 그들은 어깨에 라이플총을 하나씩 메고 있었다. 운전사가 창문을 내리고 그들을 향해 영문을 물었다.

"당신과는 상관없어."

그러고는 사키나 야쿠비 박사의 이름을 불렀다.

"우리는 그 여자와 이야기하고 싶다."

이번에는 경호원이 차에서 내려 그들에게 말했다.

"제가 대답하겠습니다. 무엇을 원하십니까?"

그들은 필요 없다는 말을 반복하며 오로지 사키나 야쿠비 박사를 불러달라고 했다. 그때 차 안에 있던 여자 교육관들은 비명을 지르기 시작했다. 사키나 야쿠비 박사 역시 두려움과 무서움에 몸이 떨렸고 속으로 '이젠 정말 다 죽었구나.'라고 생각했다. 그러나 사키나 야쿠비 박사는 그런 순간이 다가오면, 자신이 믿는 것 혹은 자신이 하는 것에서 힘을 얻어야 한다는 것을 알고 있었다. 누구나 마음속에 힘이 있기 때문이다. 박사는 절체절명의 순간에서도 자신의 가치를 믿었다. 그리고 힘을 얻었다. 사키나 야쿠비 박사는 다리가 후들거렸지만 밖으로 나가 그들에게 물었다.

"무엇을 원하십니까?"

"우리는 당신이 누구인지 알고 있소. 당신이 어디로 가는지도 알고 있소. 당신은 매일 북쪽 여기저기를 방문하며 여성들을 훈련시키고 교육하고 또한 일할 수 있는 기회까지 주고 있다는 것을 들었소. 당신은 그들에게 기술을 가르친다고 들었는데 우리도 어떻게 안 되겠소? 우리가 무엇을 하면 되겠소?"

사키나 야쿠비 박사는 남성들의 뜻밖의 말에 그저 그들을 향해 이렇게 대답했다.

"모르겠습니다."

"우리가 유일하게 할 수 있고 유일하게 아는 것은 총 들고 사람을 죽이는 것이오. 그것이 우리가 아는 전부요."

사키나 야쿠비 박사는 그 자리에서 한 발 물러섰고 그들은 "보내 줄 테니 가라."고 말했다. 다시 차에 올라탄 그녀는 행선지를 바꿔 사무실로 돌아갔다.

그 당시 야쿠비 박사는 여자아이들만 지원하고 있었다. 여자들을 훈련시키고 학교에 보낼 돈밖에 없었던 것이다. 사무실에 돌아오자 교육관들은 모두 집으로 도망가 버렸다. 사무실엔 아무도 없었고 박사의 경호원만이 남아 그녀를 지키고 있었다. 긴장이 풀렸는지 사키나 야쿠비 박사는 목소리가 완전히 잠기고 몸도 벌벌 떨려 왔다. 그러고는 탁자에 앉아 이렇게 중얼거리고 있었다.

"무엇을 해야 하지? 이 문제를 해결하려면 어떻게 해야 할까?"

항상 어려움이 다가오면 그와 함께 해결할 수 있는 계기가 찾아오는 법이다. 사키나 야쿠비 박사는 바로 그러한 계기를 기다리고 있었다. 그때 갑자기 전화가 걸려 왔다. 그녀를 물심양면으로 돕고 있는 훌륭한 기부자들 중 한 명이 전화를 한 것이었다. 야쿠비 박사는 나오지 않는 목소리를 가다듬어 있었던 일에 대해 천천히 이야기해 주었다. 한참 동안 그녀의 이야기를 들은 기부자는 이렇게 말했다.

교육은 사람을 변화시킨다.
교육을 받으면 사람은 달라질 수 있다.
백 마디의 말보다 이 같은 사례 하나가 그 진리를 대신해 준다.

"다음에 그들을 만나게 되면 그들을 도와주세요. 그들을 꼭 돕는 겁니다."

이틀 뒤에 사키나 야쿠비 박사는 그 길을 다시 지나갔지만 그들은 그곳에 없었다. 애초에 그들을 찾아 나선 길이었으므로 야쿠비 박사는 좀 더 먼 곳까지 그들을 찾으러 갔다. 그들은 여전히 총을 들고 서 있었다. 그러고는 저번과 마찬가지로 차를 세우라고 했다. 야쿠비 박사는 차에서 내려 그들을 향해 "좋습니다. 저와 함께 갑시다. 단, 한 가지 조건이 있어요. 제가 무슨 말을 해도 다 받아들여야 합니다."

사키나 야쿠비 박사의 말에 그들은 그러겠다고 대답했다. 그녀는 그들을 회교 사원으로 데려갔다. 그리고 그들에게 선생님들을 붙여 주었다. 어릴 때부터 일반 사람들과 격리되어 사람을 죽이기 위한 훈련만 하던 그들이 글을 읽게 되고 선생님을 따르며 많은 지식들을 쌓는 최고의 학생들이 되었다. 그들은 영어를 배우고 다른 사람을 교육시키기 위한 교사 과정도 밟았으며 컴퓨터도 배웠다. 가끔은 사키나 야쿠비 박사와 함께하며 경호를 도맡기도 하고 잘 모르는 산악 지대를 갈 때면 좋은 길잡이가 되어 주고 있다. 게다가 현재 그들은 최고의 교육관들로서 자신의 역할을 충분히 해 나가고 있다.

사키나 야쿠비 박사는 어린 소녀들을 교육하기 위해 아프간학습연구소를 설립했지만 소년 교육에 대해서도 고민하기 시작했다. 많은 국제개발공동체에서는 제3세계의 여성과 소녀들의 교육 사업에 중점을 두고 있다. 이들은 사회적 약자이기 때문에 스스로 독립적인 주체성을 갖고 강한 세력으로부터 자신을 보호할 수 있도록 능력을 키워야 한다고 생각하기 때문이다.

이 때문에 상대적으로 소년들을 교육하는 문제가 자칫 소홀히 다뤄질 가능성이 있다. 사키나 야쿠비 박사도 이 부분에 대해 오랜 고민을 해 왔다. 여성과 소녀들을 교육하는 일이 너무나 중요하지만 동시에 그 과정에서 남성들을 배제하는 것은 실수라는 것이다. 이러한 인식을 바꾸기 위해서는 먼저 소년과 남성들에게도 교육이 결코 위협이 아니라는 것을 가르쳐야 했다. 그렇게 아프간학습연구소는 소년 교육을 시작했고, 사키나 야쿠비 박사의 센터에 오는 여성들 역시 남성과 소년도 무지하지 않도록 '당연히' 교육을 받아야 한다고 생각하게 되었다.

교육은 사람을 변화시킨다. 교육을 받으면 사람은 달라질 수 있다. 백 마디의 말보다 이 같은 사례 하나가 그 진리를 대신해 준다. 그들은 이제 남녀가 평등하며 평등하게 일해야 한다는 사실을 알게 되었다. 사키나 야쿠비 박사 역시 남성을 잊어버리고 여성만 교육할 수 없다는 신념이 확고해지는 계기가 되었다. 그래서 박사는 남성들을 교육하기 시작했다. 여성의 잠재력을 그들도 알아야 하기 때문이다. 남자들은 얼마나 큰 잠재력을 가지고 있는가, 또 그들이 잘하는 만큼 여자들도 얼마나 잘할 수 있는가! 지금까지 남녀평등에 무지했던 남자들을 깨우고 계속해서 훈련을 시키는 것이 완전한 교육의 방향임을 사키나 야쿠비 박사는 비로소 깨닫게 되었다.

7. 최상의 보건 시스템으로 더 이상 죽는 여성과 아이가 없도록

아프가니스탄의 전체 여자 어린이 중에서 50% 이상이 문화적인 이유로 가족들에 의해 강제로 결혼을 하고 아이를 출산하면서 많은 질병에 노출되고 교육의 권리를 박탈당하고 있다. 이른 나이에 성 경험을 하고 아이를 출산하게 되면서 육체적·정신적으로 미성숙한 상태인 아이들은 심각한 문제에 맞닥뜨리고 있다.

"오늘날에도 아프가니스탄 여성들의 아픔은 계속되고 있어요. 왜냐하면 사람들이 12~13살 난 딸아이를 50대 남성들에게 팔아 버리기 때문입니다. 이것은 종교적인 것이 아니라 문화적인 것입니다. 어른들은 여자아이에게 결혼 의사를 반드시 물어야 하고 아이가 '아니요'라고 답한다면, 그 결혼은 시켜서는 안 됩니다. 그러나 그들은 빈곤 때문에 다른 여지가 없습니다. 이 문제를 해결할 수 있는 방법은 스스로 일어서는 것입니다. 아무도 그녀의 삶을 대신 살거나 구해 줄 수 없어요. 그녀는 그녀 스스로를 구해야 합니다. 그렇기 때문에 여성들에게 기술을 가르치고, 훈련을 시키고, 교육하고, 사랑하고, 격려하는 것입니다. 그렇게 그녀들은 미래에 리더가 될 것입니다."

사키나 야쿠비 박사의 말처럼 분쟁으로 삶의 터전을 잃은 난민 여성들은 반군에게 납치될 것을 우려해 또는 가난과 빈곤에 시달리는 가족을 위해 보통 10~19세의 나이에 대부분 20살 이상 차이가 나는 남성에게 팔리듯 결혼을 한다. 그러나 조혼은 소녀들의 교육 기회를 앗아갈 뿐만 아니라 미처 다 성장하지 못한 소녀들의 건강에도 악영향을 끼친다. 이른 나이의 임신과 출산은 15~19세 소녀들의 가장 큰 사망 원인이다. 이러한 사회적인 상황에서 여성들의 인권을 주장하는 것은 굉장히 위험하고도 어려운 일이었다. 그러나 사키나 야쿠비 박사는 여성이 일어서야 가정이 일어서고, 가정이 일어서야 지역사회가 일어나며 나라 전체가 일어설 수 있다고 생각했다.

사키나 야쿠비 박사는 아프간학습연구소를 설립했을 때, 아프가니스탄 여성과 어린이들에게 건강 교육을 제공하는 일부터 시작했다. 아프가니스탄에서는 산모와 영아 사망률이 매우 높다. 여러 가지 이유가 있지만 문화적으로 자행되는 조혼, 비위생적인 출산 과정과 양육 환경의 영향이 가장 크다. 그렇기 때문에 진료소와 학교에서는 기본적인 위생과 영양에 대해 가르쳤고, 여성들은 배운 것을 적용할 때 자신과 아이들이 더 건강해진다는 것을 깨닫게 되었다. 아프간학습연구소의 목표는 여성들에게 스스로와 자녀를 위해 올바른 결정을 내리는 데 필요한 지식을 제공하는 것이었다.

시마라는 여성 또한 어렸을 때부터 수많은 여성들의 조혼과 출산 중 죽음을 목격해왔다. 그녀는 워크숍에 참석하고 의료 서비스의 필요성을 절감했다.

"저는 시마입니다. 저는 기혼 여성이며, 저희 어머니는 제가 겨우 7살 때에 출산 중 돌아가셨습니다. 가족 중에 저를 돌볼 사람이 없었습니다. 그래서 저는 여전히 아직 어린 소녀일 때에 결혼했습니다. 그래서 저는 평생을 많은 어려움과 질병에 부딪쳐 왔는데, 이는 어른들이 소녀를 결혼시키는 것이 나쁘다는 것을 모르기 때문입니다. 이번 워크숍으로 사람들이 앞으로 아이들의 삶을 파괴하지 않을 것이며, 보다 잘 살 수 있는 정보를 얻을 수 있기에 매우 유익한 시간이었습니다."

아프간학습연구소는 여성을 위한 생식 보건 워크숍을 추가로 제공하여 임신 중 아기가 어떻게 성장하는지, 임신 과정에서 산모가 필요로 하는 것은 무엇인지, 안전한 출산 상식과 올바른 수유 방법 등 어머니가 알아야 할 기본 사항에 대해서도 자세하게 가르쳤다. 특히 이와 관련된 프로젝트로는 2010년 집에서 출산하는 농촌 여성을 대상으로 시작한 '어머니 교육 프로그램'이 있다. 임산부와 출산 도우미를 위해 마련된 워크숍으로, 산모가 임신 중 스스로를 돌보는 방법에 대해 교육을 시킨다. 아프간학습연구소는 모유 수유법과 그 장점에 대해 교육하고, 유아를 돌보는 방법을 가르친다. 무엇보다 중요한 것은 아기를 낳기 위해 진료소나 병원을 가는 것이 왜 중요한지를 가르치는 것이다. 프로그램은 좋은 호응을 얻으며 계속해서 운영되고 있다. 2015년에는 282명의 여성에게 14회의 예비 엄마 워크숍을 제공했고, 141명의 임산부와 도우미들에게 임신 기간 동안 해야 할 것들과 산모와 태아를 위한 관리에 대해 교육했다. 아프간학습연구소는 또한 2015년 11건의 생식 건강 워크숍을 360명의 여성들에게 제공해 주었다.

프로그램을 시작한 이래로 650명 이상의 여성들이 이 워크숍에 참가했으며, 산모 중 97%가 집보다 더욱 안전한 진료소나 병원에서 아기를 낳기로 결정했다. 또한 교육을 받은 여성 중 어떤 여성도 출산 중에 사망하지 않았고, 사산은 단 한 명뿐이었다. 단 몇 시간의 생식 건강 교육으로 산모와 아이 모두가 건강한 출산을 준비할 수 있었고, 가족을 위해 가장 좋은 것이 무엇인지 배웠을 때 여성들은 그들의 행동을 바꾸는 모습을 보여주었다. 교육을 받은 여성들이 점차 자신과 자녀를 위해 건강한 선택을 하게 된 것이다.

사키나 야쿠비 박사를 비롯한 아프간학습연구소의 직원들은 건강 교육을 통해 매년 삶이 변화된 수천 명의 여성들의 이야기를 전해 듣는다. 아프간학습연구소 진료소에 처음 왔을 때 1, 2, 3세의 어린 세 자녀를 둔 한 여성은 이렇게 이야기했다.

"저의 세 아이들은 너무 약했습니다. 제겐 희망이 없었고 이런 인생에 신물이 났습니다. 어느 날 남편이 진료소가 있다는 말을 하며, 친절하고 전문적인 의사를 만나기 위해서는 아이들을 데려가야 한다고 했어요. 병원은 약 2시간 정도 떨어져 있었습니다. 저는 진료소에 가서 의사와 조산사를 방문하고, 제 문제들을 털어놓았습니다. 그들은 아이들의 터울이 너무 적어서 모유 양이 부족해 영양실조 상태라는 말을 해주었습니다. 그들의 말처럼 제 몸은 세 아이를 먹이기에 역부족이었어요. 아이들은 영양실조 치료를 받았고, 3개월 후 건강을 회복했습니다. 두 명은 치료를 받아 걸을 수 있게 되었습니다. 저는 너무 행복했습니다. 그로부터 3년 후에 저는 또 딸을 낳았어요. 진료소에서 배운 덕분에 이 아이는 정상적으로 잘 자라고 있습니다. 저는 의사들에게 정말 감사합니다. 이제 우리 지역의 많은 사람들이 이 진료소를 방문하게 되었어요. 너무나 기쁩니다."

이 외에도 아프간학습연구소 보건 사업의 쾌거로는 주민들에게 의료 서비스의 필요성을 주지시켰다는 점을 들 수 있다. 예방접종사들은 도움이 닿지 않는 먼 농촌 지역까지 예방접종을 할 수 있게끔 자전거나 오토바이를 타고 다니며 어른들과 아이들의 면역성 증진을 돕고 있다. 남성 1명과 여성 1명으로 구성된 두 명의 지역사회 보건 직원들은 마을의 모든 의료 문제의 첫 상담자들이 되어 준다. 그들은 응급 처치, 생식과 관련된 건강관리, 크고 작은 질병에의 대처법을 지역민들에게 알려준다. 또한 진료소가 없는 지역에서는 보건 교육을 받은 아프간학습연구소의 학생들이 간이 진료소를 운영한다. 간이 진료소는 2015년 한 해 168명의 사람들에게 의료 서비스를 제공했다. 이러한 원격 의료 봉사의 핵심은 아프간학습연구소 진료소이다. 연간 수

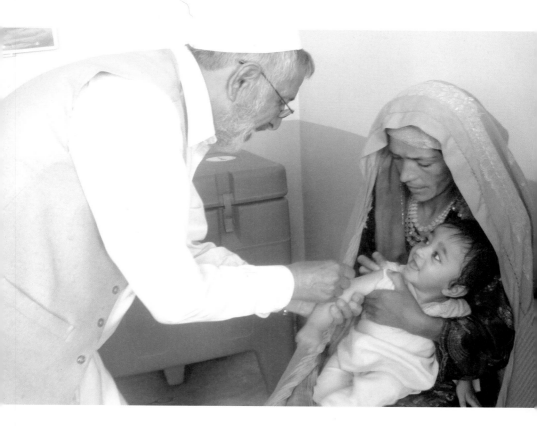

연간 수십만 명의 환자를 돌보고 있으며,
일반 치료와 예방 치료 및 건강 교육 등을 제공하고 있다.
집계에 따르면 2015년 아프간학습연구소에서는 228,353명의 환자를 돌봤으며
141,813명에게 건강 교육을 시켰다.

십만 명의 환자를 돌보고 있으며, 일반 치료와 예방 치료 및 건강 교육 등을 제공하고 있다. 아프간학습연구소 건강 프로그램을 진행하는 주 진료소는 총 4곳으로 2곳은 파키스탄 헤라트에, 2곳은 아프가니스탄 카불에 위치한다. 집계에 따르면 2015년 아프간학습연구소에서는 228,353명의 환자를 돌봤으며 141,813명에게 건강 교육을 시켰다.

약간의 건강 지식은 사람들이 평생 안전한 길을 갈 수 있도록 해주며 그리 어려운 일도 아니다. '건강'은 '교육' 및 양질의 '훈련'과 더불어 긍정적인 변화를 불러일으키는 세 다리 의자 중 한 다리일 만큼 중요하다. 건강한 사람만이 새로운 것을 배우고, 일을 할 때 능률이 오른다. 또한 가족과 집, 스스로의 상황을 개선시키기 위해서도 건강해야 한다. 아프간학습연구소 진료소를 찾았던 한 장애 여성은 자신의 몸은 물론 정신적인 건강까지 찾게 되었음에 놀라워했다.

"저는 다리에 문제가 있어 걷지 못하는 장애를 가지고 있었습니다. 이 센터에 왔을 때만 해도 어떠한 정신적 장애도 가지고 있지 않다고 생각했습니다. 그러나 저는 제 능력을 믿지 않았으며 스스로를 늘 쓸모없다고 생각하는 우울증에 빠져 있었습니다. 간호사들은 제가 심각한 우울증을 극복할 수 있도록 도와주었습니다. 그렇게 저는 스스로의 능력을 발견할 수 있었습니다. 저는 몸과 마음이 모두 치유되고 있음을 느낍니다. 여기에서는 많은 친구들이 읽고 쓰기를 공부하고 있습니다. 그들을 보며 저의 마음가짐 또한 변했습니다. 스스로에게 긍정적이 되었으며, 제가 많은 좋은 일들을 할 수 있을 것이라 믿고 있습니다. 요즘은 일주일에 몇 번씩 휠체어를 타고 도시에 가서, 행복하게 사는 것과 지역사회의 사람들을 사랑하는 법을 배우는 수업에 참석

합니다. 리더십에 대해서도 배웠으며, 이를 통해 저의 미래에 대한 큰 모습을 그려 가고 있습니다."

　이렇게 아프간학습연구소는 의료 지원의 작은 도움이 개개인에게 큰 기적을 행사함을 몸소 느끼며, 그들을 향한 사랑과 사명을 바퀴 삼아 꾸준히 굴러가고 있다. 그 결과, 1996년 이래로 1,400만 명이 넘는 아프가니스탄 사람들에게 가족, 지역사회를 만드는 데 도움이 되는 건강 교육을 제공하며 그들의 몸뿐 아니라 정신까지 건강할 수 있게끔 만드는 데 큰 역할을 했다.

제3장

세계적 난민 교육의 어머니

1. '교육'이 난민문제의 해법이다

"난민 여성들의 이야기를 듣고는 저 자신이 싫어졌습니다. 도대체 내가 누구인지 너무나 궁금했어요. 아무것도 없는 난민 캠프의 어린 여성들과 아이들을 보았을 때, 미국에서 고등교육을 받는 특권을 누린 저 자신을 좋아하는 것이 무척이나 어렵게 느껴졌습니다. 저는 난민 캠프에서 3개월 동안 하고 싶은 것을 찾아다녔습니다. 그 결과 교육이 그들에게 기회를 줄 거라고 생각했어요."

사키나 야쿠비 박사는 난민들을 선생님이 될 수 있도록 교육시켰고, 그들은 다시 학생들을 가르쳤다. 온갖 역경으로 장애를 얻은 채 헤라트 센터로 들어와 교육을 받고 지금은 아프간학습연구소의 일원이 된 파리바가 그녀의 이야기를 들려주었다.

"저는 4살 때 소련의 침략으로 인해 온 가족이 난민이 되었습니다. 총으로 무장한 탈레반이 아버지와 오빠를 납치하고 견딜 수 없는 고문을 해서 아버지는 돌아가시고, 오빠는 가까스로 그들을 피해 도망을 갔습니다. 또 다른 오빠는 마약에 중독되어 마약을 구입할 돈을 마련하려 당시 16살이던 저를 또 다른 마약 중독자에게 팔아 강제 결혼을 시켰습니다. 저는 거의 노예처럼 살았습니다. 매일 매를 맞고 원하지 않는 성적 폭력을 당했습니다. 하루하루가 정말 지옥 같았습니다. 그러다가 우연히 아프간학습연구소에 대한 이야기를 듣게 되었고, 이곳으로 들어와 여성 교사로서 훈련을 받게 되었습니다. 현재는 학교 선생님으로 일하고 있어요. 아프간학습연구소는 여성들을 위해 많은 좋은 일들을 하고 있습니다. 덕분에 저 역시 집을 얻을 수 있었고, 평화로운 삶을 되찾았습니다. 사키나 야쿠비 박사님이 아니었다면 아프가니스탄 여성들은 누구에게도 도움을 받을 수 없었을 겁니다. 사키나 야쿠비 박사님의 업적이 그저 자랑스럽고 감사할 따름입니다."

이 여인들과 비슷한 수천 명의 여성들의 이야기는 '교육'이 난민문제의 해법이라는 것을 증명해 준다.

파키스탄의 아프가니스탄 난민 캠프에서 27개의 학교를 짓고 수업을 진행했을 때, 아이들은 수업이 재미있어서 늦은 밤까지 캠프로 돌아가지 않으려 하기도 했다. 사키나 야쿠비 박사는 교육 프로그램을 설계하며 그 핵심에 교사 훈련을 넣었다. 진도 계획이 중심이 되어 학생들과 상호 소통하며 수업을 진행하면 일련의 과정 속에서 아이들은 생각을 하기 시작하고, 학교에 계속 남아 있으려 한다. 만약 그렇지 않다면 교사의 교육이 잘못된 것이다. 왜냐하면 그들에게는 이미 전쟁으로 인한 트라우마가 있고, 고통을 받고 있으며 배가 고프기 때문이다. 그래서 사키나 야쿠비 박사는 교사 양성 교육에 심혈을 기울였다. 지속적으로 교사들을 훈련하고 모니터링했다. 그 후 그녀의 교육 시스템은 파키스탄 최고의 교육 시스템으로 자리잡게 되었다.

자금이 잠시 끊기면서 사키나 야쿠비 박사는 다시 미국으로 돌아갔다. 어렵사리 자금을 마련한 후에 다시 돌아온 그녀는 남자아이들까지 교육에 참여시키기로 결심했다. 그러나 상황이 여의치 않았다. 탈레반이 전쟁을 부르짖었다. 야쿠비 박사는 지하학교를 운영할 수밖에 없었다. 경찰의 도움을 받아 80개의 학교를 위험을 무릅쓰고 이끌었다. 그렇게 교육을 받은 아이들은 이제 의사나 변호사가 되었다. 그녀는 그들의 성장을 지켜보며 교육이야말로 사람을 변화시키는 힘임을 깨닫게 되었다. 마치 자신이 그러했던 것처럼 말이다.

어쩌면 그녀가 하는 일들은 전쟁이 아니었다면 하지 않아도 되었을 일이

이 여인들과 비슷한 수천 명의 여성들의 이야기는
'교육'이 난민문제의 해법이라는 것을 증명해 준다.

다. 그러나 흥미롭게도 그녀가 가르친 교사들은 매우 훌륭하며 훈련이 잘 되어 있기에 모든 면에서 탁월한 재능을 발휘하고 있다. 사키나 야쿠비 박사가 만든 결과물은 오히려 전쟁 전, 아프가니스탄의 교육 방식을 따르는 학교를 능가하는 수준으로 발전했다.

아프간학습연구소에서 일하는 사람 모두는 소녀들의 교육이야말로 아프가니스탄 미래 성장과 발전을 위한 최고의 투자라 믿는다. 그들은 국제적인 통계를 통해, 여성의 교육을 강조하는 개발도상국들이 국민 차원의 건강 증진과 보다 나은 삶의 기준, 가계 수입의 증가 등 모든 측면에서 전반적으로 발전했음을 알고 있다. 아프가니스탄의 밝은 미래 역시 인구의 절반인 여성들의 교육 없이는 불가능하다고 생각한다. 그 가운데 사회적으로 가장 불리한 입장에 놓인 20~30대 여성들에게 관심을 쏟는 것이 마땅하다고 여겼다.

사키나 야쿠비 박사는 젊은 여성을 교육하는 데에 있어, 글을 가르치는 것 이상으로 여러 목표를 가지고 있다. 수학적인 능력, 과학, 언어와 사회 공부 등 전반적인 지식을 쌓게 했다. 이들은 이 과정을 통해 자신감을 갖게 되었다. 교사들은 여성이 앞으로 일생 동안 직면할 도전 과제들을 극복해 나가기 위해, 개인으로서 또한 아프가니스탄 국민으로서 힘을 키워야 함을 강조한다. 이미 조부모님 및 부모님 세대가 살던 시대의 진실한 삶의 방식은 수십 년간의 난민 캠프의 삶으로 파괴되어 버렸다. 어린아이들은 자신들의 뿌리와 정체성에 혼란을 겪고, 이런 과정에서 아프가니스탄의 문화와 전통, 경제와 사회 기반은 사라져 가고 있다. 이 모든 면들이 교육 과정에서 지원되고 강화되어야 할 중요한 요소들이며 교육을 통해 자의식, 목표 의식, 가족 및 지역 사회와 국가의 미래에 대한 책임 의식을 가지는 데 모든 역량을 투입하는 이유이다.

올바른 교육을 진행할 수 있는 교사의 양성에서도 마찬가지이다. 아프간 학습연구소에서는 교사들을 위해 다양한 단계와 여러 종류의 연수들을 제공한다. 전문 교사(master teacher)들은 수업 및 현장 실습을 통한 4개월의 집중 연수를 받고, 일반 교사들은 같은 프로그램의 24일 연수를 받는다. 그들은 배운 것을 수업에서 활용하고, 이는 교사 지도자(teacher trainer)들을 통해 관찰되고 평가된다. 때로는 주변 난민 캠프 학교들을 대상으로 3시간의 워크숍과 먼 지역의 난민 캠프 학교를 위한 3일 워크숍을 열기도 한다. 전체 프로그램을 성공적으로 마치려면, 최종 시험에서 만점의 80% 이상의 성적을 내야 하며 수료 후에는 인증서도 제공된다. 이 모든 활동의 초점은 학생들의 삶에 맞춰져 있다. 교사들은 학생들을 존중하며 친근하게 대화하고 그들의 자존감을 키우는 데 집중한다. 육체적 처벌은 최대한 자제한다. 서양적 관점에서는 당연하게 여기는 부분들이지만, 아프가니스탄 사람들에게는 매우 새로운 교육적 접근법이다.

사키나 야쿠비 박사는 자신의 교육 시스템에 대해 누구보다 자신감을 가지고 있다. 그녀는 이 시스템이 기꺼이 다른 지역 혹은 다른 나라의 난민들에게도 적용할 수 있기를 바란다.

"미국에 있을 때 이런 이야기를 한 적이 있습니다. '아프가니스탄 아이들을 미국에서 데려와 당신들 나라의 아이들과 경쟁을 시켜 봅시다. 저는 우리 아이들에 대해 자신 있게 말할 수 있습니다. 우리 아이들은 알파벳, 숫자, 도형뿐 아니라 행동 양식, 문화 등을 이미 유아 교육 과정에서 다 익힙니다. 학교에 들어가면 1학년 때 배울 것이 없을 정도랍니다.'라고 말이죠. 그만큼 저는 우리 아이들에 대해 자부심을 가지고 있습니다. 사람들은 보게 되지요. 우리 학교 졸업생들이 다른 사람들과 달리 매우 특별하다는 것을요.”

전 세계적으로 7200만 명에 달하는 아이들이 학교에 다니지 못하고 있다. 이는 가난과 질병, 전쟁 등 다양한 원인으로 발생한 비극적인 수치이다. 그러나 전 세계 모든 아이들에게는 교육을 받을 권리가 있다. 고등 교육은 차치하더라도 생활에 대한 기초 교육조차 받지 못하는 인구가 늘어날수록 그 국가의 사회적·경제적 발전 또한 그만큼 지연되어 가난의 악순환에서 벗어나지 못한다.

아프가니스탄에서의 배움은 여전히 용기가 필요한 일이다. 나이 든 여성들은 늦은 나이에 무언가를 배우는 것에 대해 사회적으로 조롱을 당하기도 한다. 그러나 사키나 야쿠비 박사는 여성들이 먼저 배움을 허락해 달라고 반복적으로 요청해야 한다고 말한다. 여전히 어떤 곳에서는 소녀들이 교육을 받아서는 안 되며 학교는 위협을 당한다고 믿고 있지만, 소녀들과 여성들이 가진 배우고자 하는 열정까지 꺾을 수는 없다. 그들의 용기는 아프가니스탄을 넘어 전 인류의 미래이기 때문이다.

그러나 이러한 비극적인 상황에서도 희망을 잃지 않아야 한다. 현재는 고통스럽지만 미래세대를 위해 지금 처한 환경을 이겨낼 수 있는 힘을 가져야 한다. 사키나 야쿠비 박사는 그 힘이 교육, 즉 ‘배움’에서 나온다고 믿는다.

“우리는 우리 아이들이 자유롭게 서로 소통하고, 믿음을 쌓고, 팀으로 일할 수 있도록 환경을 만들어 주어야 합니다. 제대로 된 기반을 닦기 위해서 제가 여기에 있는 것이고 벌써 20년이라는 세월이 흘렀어요. 가족을 떠나 짐가방과 함께 사는 일이 결코 쉽지만은 않았습니다. 그렇지만 저는 사람들을 사랑하기 때문에 이 일을 계속 하고 있지요. 난민들과 이야기를 해보면 그들이 아무 희망도 없이 가난 속에 살아가고 있다는 걸 알 수 있습니다. 이곳 여성들의 삶은 노예와 같아요. 한창 학교에 다녀야 할 아이들이 그 대신 학대를 당하고 있습니다. 형제자매를 먹여 살리기 위해서 마차를 끌고, 추운 겨울에도 맨발로 산을 오릅니다. 그런 모습을 볼 때마다, '이들이 왜 이렇게 살아야 할까?'를 생각하면 아무것도 먹고 싶지 않아집니다. 제가 살아 있는 한 아프가니스탄 여성들과 아이들을 살리기 위해서 이 일을 계속할 생각입니다. 저는 신이 저와 함께하심을 믿어요. 미래에는 아프가니스탄에 교육을 받지 못하는 아이가 단 한 명도 없길 희망합니다. 그것이 저의 유일한 소망이에요."

2. 난민 재정착의 혁신적 모델 구축

사키나 야쿠비 박사는 개인의 역량 강화를 넘어서서 사회 전체, 국가 전체가 다시 안정을 되찾을 수 있는 방향으로 모든 시스템을 구축해 나갔다. 아프가니스탄 여성의 역량 강화를 위해 지역 내의 풀뿌리 모델을 개발하고 여성 지도자를 꾸준히 양성했으며, 여성의 건강을 증진시키고 2007년에는 아프가니스탄 카불과 헤라트에 4개의 사립학교를 만들어 유아 교육과 대학 교육에 이르기까지 양질의 교육 기회를 제공하기 위해 노력했다. 문맹 퇴치 수업을 마련하여 나이가 많은 사람들에게도 글을 읽고 쓸 수 있는 기본적인 문자 교육을 받을 수 있도록 했다. 재정적 지원이 필요한 여성들에게는 소득을 만들 수 있는 직업 훈련을 제공하고, 문화적인 이유로 혹은 종교적인 이유로 남성들에게 혹독한 억압을 받고 있는 아프가니스탄 여성들에게 인권의 중요성을 알리기 위해 여성을 위한 리더십과 인권 교육 워크숍도 진행하고 있다. 보건 교육을 실시하고, 인간이라면 누려야 할 기본적인 의료 서비스를 제공할 병원과 진료소를 마련했다. 그곳에서는 올바른 방법으로 가족계획을 세우고 실행하는 법, 출산 전후 관리, 출산을 돕는 조산사들을 양성하고 교육하며 필요한 곳에 파견해 주는 일까지 도맡고 있다.

이처럼 사키나 야쿠비 박사는 수십 년간의 전쟁으로 아프가니스탄의 교육 및 보건 시스템이 완전히 무너졌다는 것을 인지하고 난민들의 삶 전체에 작용할 수 있는 전체론적 관점에서 이 모든 시스템들을 구축해 나갔다. 한마디로 큰 그림을 그려 나간 것이다. 이러한 접근법은 난민 재정착을 위한 혁신적인 제시였다. 난민 캠프의 열악한 교육적, 경제적, 사회적, 문화적, 제도적인 제약들을 극복하기 위해 사회 전반의 문제를 포괄적이고도 장기적인 계획하에 해결해 나갔고, 이는 아프가니스탄 난민들의 전반적인 삶의 질을 향상하고 지역사회 발전에 크게 이바지한 것으로 평가받고 있다.

아프간학습연구소를 통해 교육을 받은 난민들은 자신감을 얻게 되었고, 비판적 사고 능력, 문제 해결 능력, 경제력 등을 갖춰 나갔다. 그리고 30여 년 동안 이어진 망명 생활을 경험한 아프가니스탄 난민 공동체는 이제 '교육'을 더 나은 미래로 가기 위한 통로이자 자국을 재건하기 위한 핵심 요소로 받아들이기 시작했다. 교육을 받은 젊은이들은 주도적으로 아프가니스탄의 미래를 이끌고 있다.

아프간학습연구소는 1996년 이래 200만 명이 넘는 여성과 어린이들에게 보건 교육을 제공했다. 체계적인 교육을 한 결과, 난민 캠프의 영아 사망률과 출산 중 산모 사망률은 현격히 떨어졌다. 또한 '사랑과 용서' 워크숍을 지속적으로 제공하여 사회적 박탈감과 분노 속에 휩싸여 있던 난민들을 지역사회를 위해 혁신의 태도를 가질 수 있는 긍정적인 리더로 변화시켰다. 하루 200만 명이 청취할 수 있는 라디오 방송 메러즈까지 시작하면서 멀리 떨어진 이들에게도 아프가니스탄의 소식을 전하고, 안전하고 평화로운 일상을 꿈꾸는 수많은 난민들에게 희망의 메시지를 전달한다. 이 라디오 방송은 사회의 동향, 건강, 가정의 성공적인 모델, 인권, 문학, 음악 등 생활 전반에 대한 주제를 다루며 난민들의 갈망을 해소해 주는 창구로 발전하고 있다.

아프간학습연구소의 모든 재건 과정은 지역사회가 프로젝트에 주인 의식을 구축할 수 있도록 지역사회와 협력적으로 진행한다. 일방적인 물질 지원이 아니라 지역사회가 원하고 필요로 하는 프로젝트들을 구성원들과 민주적인 방식으로 협의하며 해결한다는 데에 그 의미가 있다고 할 수 있다. 그 결과, 개인과 지역사회, 정부 모두가 신뢰하고 성장하는 난민 재정착의 혁신적인 변

전 세계적으로 난민 위기가 재점화된 만큼
사키나 야쿠비 박사의 난민 재정착 해법은 많은 관심을 받고 있다.
사키나 야쿠비 박사는 교육이 자신의 인생 자체를 바꾸었다는 것을
알기에 사람들의 삶을 변화시킬 해법이야말로 '전체론적 교육'이라는
결론에 이를 수 있었다.

화를 이끌어 낸 것이다.

사키나 야쿠비 박사는 모든 프로젝트에 지역사회 참여가 필요하다고 생각한다. 모든 사람이 통합적으로 참여할 때 최상의 결과를 얻을 수 있다고 믿기 때문에, 지역사회의 리더들과 함께 프로젝트를 계획하고 개발 및 시행한다. 지역사회가 요청한 프로젝트가 아니라면 프로젝트는 시작조차 하지 않는다. 전략에 따라 지역사회는 현재 프로젝트 지원의 30~50%를 담당한다. 때문에 아프간학습연구소는 문화적으로 민감한 방식이더라도 프로그램을 방해 없이 실시할 수 있었다. 연구소는 이러한 과정을 통해 농촌 여성들에게도 서비스를 제공할 수 있었고, 공통 목표를 달성하는 방법을 전제함으로써 다소 논란이 되는 프로그램도 제공할 수 있었다.

전 세계적으로 난민 위기가 재점화된 만큼 사키나 야쿠비 박사의 난민 재정착 해법은 많은 관심을 받고 있다. 사키나 야쿠비 박사는 교육이 자신의 인생 자체를 바꾸었다는 것을 알기에 사람들의 삶을 변화시킬 해법이야말로 '전체론적 교육'이라는 결론에 이를 수 있었다. 특히 난민들에게 필요한 것은 '당장 먹을 것과 입을 것이 아니라 그들이 정서적으로 안정되고 미래를 꿈꿀 수 있는 여유를 갖게 하는 것'이라는 것도 말이다. 각자가 가진 능력을 키울 수 있게 돕고, 건강을 돌볼 수 있도록 해주고, 비판적 사고 능력 및 돈을 벌 수 있는 기술을 제공하며 자립할 수단을 제공해 스스로 만족할 수 있는 삶을 이끄는 교육을 지향했다. 거기다 창의적이며 비전을 제시하는 교육, 지혜와 사랑과 연민을 가르쳐주는 교육이 난민 재정착 교육의 핵심이라고 생각했다. 그리고 그들의 기여가 스스로에게 자부심과 존엄성을 부여할 수 있을 것이라 믿었다.

사키나 야쿠비 박사의 재정착 해결법은 자신의 나라에서 자신의 가족, 자신의 문화, 자신의 정체성을 되찾으며, 느리지만 천천히 스스로를 이해하고 사랑해 가는 과정 속에서 찾은 조화롭고 지속가능한 삶의 방식이 아닐까.

3. 여성의 인권을 세우다

여성들의 조혼은 이슬람 국가를 중심으로 풍습처럼 행해져 온 오랜 문화다. 일부다처제와 더불어 15세가 되기도 전에 여성을 출가시키는 조혼이 이슬람 국가에서는 당연한 듯 행해지고 있다. 이와 같은 조혼 풍습은 여성 당사자의 의사와는 상관없이 여성 부모의 결정에 의해 이루어지는데, 10대 소녀가 거의 스무 살 이상의 나이차가 나는 남성과 결혼 생활을 하면서 가정폭력에 시달리거나, 아직 육체적으로 미성숙한 상태에서 출산을 겪으며 사망하는 일이 흔하게 발생하고 있다.

조혼의 원인 중 가장 큰 이유는 그들이 믿는 종교와 율법에 있다. '선지자 무함마드는 아이샤가 9세 되던 해에 결혼했다.'는 코란의 구절에 따라 남성들은 어린 신부와 결혼하는 것을 정당화하고 있다. 게다가 여성의 나이가 어릴수록 순결하다는 미신까지 더해져 아직 정신적으로 육체적으로 성숙해지지도 못한 어린아이들을 신부로 맞아들인다. 유엔아동기금의 발표에 따르면 전 세계 여성 중 18세 이전에 결혼을 하는 여성이 7억 2000만 명에 달하며 그중 15세 이전에 결혼하는 여성이 2억 5000만 명에 이른다고 한다. 엄청난 숫자의 여성들이 종교적인 이유로 신체적 그리고 정신적 고통을 감내하며 강제로 결혼에 응하고 있다. 게다가 대부분이 가난에 의해 팔려 가는 것과 마찬가지인 탓에 행복한 결혼 생활을 하기 어렵다. 때문에 소녀들은 평생 씻을 수 없는 상처를 안고 자신의 인생 전체가 파괴되는 경험을 하면서 살아간다.

사키나 야쿠비 박사는 종교적인 정당성을 앞세워 남성들이 여성을 학대하는 것도 문제이지만, 이보다 여성 스스로가 자신의 신체를 지켜야 하는 이유를 앎으로써 현명하게 대처하는 것이 시급하다고 생각했다. 그녀는 학습과 관련된 교육 외에 여성들이 함께 모여 그들의 인권에 대해 논의하고 토론할 수 있는 워크숍을 열었다. 이 워크숍은 파키스탄 내 아프가니스탄 난민들이 모여 있는 페샤와르 지역에서 처음 열렸다.

1998년 워크숍이 시작되자 페샤와르 여성들은 적극적으로 참석 의사를 보였다. 워크숍에서는 여성들에게 이슬람에 대한 권리를 가르쳤다. 첫 워크숍에 참석했던 여성들은 자신이 아는 다른 여성들에게 이 워크숍을 추천해주며 아주 유익하고 교육적인 모임이라고 인정했다. 얼마 지나지 않아 워크숍 대기자 명부는 계속해서 늘어났다.

어느 날 페샤와르 지역에서 꽤 멀리 떨어진, 파키스탄 북서부 노스웨스트프런티어주에 위치한 난민 캠프의 학교 교장이 아프간학습연구소를 방문했다. 그는 사키나 야쿠비 박사가 진행하는 인권 워크숍에 관해 들었고, 아프간학습연구소가 자신들이 사는 지역 여성들에게 워크숍을 제공해 줄 수 있는지를 물었다. 이전부터 꾸준히 여성 교육을 지원해 온 교장은 자연스레 여성들의 이야기를 들으며 많은 이들이 박사가 진행하는 워크숍에 관심이 있음을 알게 된 것이다. 해당 지역의 난민 캠프 주민들이 이슬람 근본주의에 대한 견고한 입장을 취하며 여성 교육을 반대해서 워크숍 개최가 쉽지 않았다.

그렇지만 이런 상황을 포기할 사키나 야쿠비 박사가 아니었다! 아프간학습연구소는 학교장과 함께 캠프에서 인권 워크숍을 개최하기 위해 백방으로 노력했고, 얼마 지나지 않아 다양한 연령대의 여성들이 전통 의상을 입고 워크숍에 참가하게 되었다. 워크숍을 이끄는 두 명의 진행자는 페샤와르에 거주하는 아프가니스탄 난민 여성들이었다. 그들은 코란의 구절을 인용하여 이슬람 율법 아래에서의 여성의 권리를 설명하며 워크숍을 시작했다. 처음에는 대부분의 여성들이 먼저 의견을 내는 것에 주저했다. 아프가니스탄 여성들은 개인적인 문제를 가족 이외의 사람들과 논의하는 것을 금지하기 때문이다. 그러나 처음에는 불안해하던 여성들이 워크숍이 끝날 무렵이 되자 자신의 이야기를 하게 되길 열망했으며, 모두의 이야기를 꺼내 놓을 시간조차 모자랄 지경이 되었다. 어떻게 된 일일까?

워크숍 진행자들은 책의 사례 연구를 이용했다. 특정 개인에 대한 이야기가 아닌 책을 통해 문제를 '객관화'한 것이다. 자신의 이야기를 드러내길 꺼려하는 여성들에게 강간, 근친상간, 시장에서의 괴롭힘, 학교에 갈 수 없는 괴로움, 배우자 학대 등의 민감한 주제들을 객관화하여 끄집어냄으로써 자신의 경험을 자연스럽게 내놓을 수 있도록 한 것이다. 참여자들은 다른 여성들도 자신과 비슷한 경험을 했다는 사실을 깨달으면서 서로에게 조언을 듣고 지원하고 많은 눈물을 흘렸다. 그리고 함께 이슬람 국가에서 보장된 그들의 권리에 대해 가족과 이야기할 수 있는 방법을 찾아갔다. 가정 폭력에 멍들고 학대받은 여성들이 고립에서 벗어나 서로의 삶에 동정심을 느끼며 함께 문제를 해결해 나가는 데 눈을 뜨게 된 것이다.

워크숍 수료식에서는 획기적인 프로그램을 개척하고 여성과 소녀의 권리를 발전시키는 데 첫걸음을 내디딘 여성들을 기념했다. 그리고 며칠 후, 워크숍에 참가했던 한 여성 노인이 찾아왔다. 그녀는 워크숍 덕분에 남성 가족 구성원들에게 남성과 여성과 동등하게 일을 나누어야 한다고 용기 있게 말할 수 있었다고 감사함을 전했다. 딸이 학교에 가고 싶어 하며, 아프간학습연구소가 학교에 갈 수 없었던 여성과 소녀들을 위한 문맹 퇴치 수업을 제공하기를 원한다고 말했다. 그녀의 요청이 바로 2002년 1월 여성러닝센터를 열게 되었다. 여성러닝센터는 아프가니스탄 여성들의 다양한 요구, 특히 아프가니스탄에 전례가 없었던 여성의 건강과 교육을 위해 설계되었다. 여성러닝센터는 현재 아프가니스탄과 파키스탄에서 18개의 학교를 운영하고 있다.

아프간학습연구소가 시골 아프간 여성들을 위한 최초의 인권 워크숍을 개최한 후, 여성 교육에 대한 관점이 변하기 시작했다. 어떤 건물도 불타지 않았고 워크숍에 참석한 여성 중 어느 누구도 괴롭힘을 당하지 않았다. 아프간학습연구소의 재산은 파괴되지 않았고, 두려움으로 가득한 보수적인 반발로 인한 공격도 없었다. 우려와 달리, 한 명도 해를 입거나 부정적인 영향을 받지 않았다.

아프간학습연구소는 여성을 위한 인권 교육뿐만 아니라 여성과 아동을 위한 전 생애에 걸친 교육 프로그램을 마련하는 것으로 확대되었다. 연구소의 프로그램들은 유치원부터 중등교육까지 책임지며, 보건 교육, 평화 교육, 역량 강화 강습, 소득 창출 기술 훈련 등을 통해 기본적인 생활 상식을 가르치고, 삶의 가치를 찾고 자립할 수 있는 능력들을 개발하기 위해 노력하고 있다. 현재 아프간학습연구소는 파키스탄과 아프가니스탄에서 연간 35만 명의 아프가니스탄 여성과 어린이들에게 이러한 서비스를 제공한다. 아프간학습연구소는 교육이 보편적 인권이라는 신념에서 출발했다. 때문에 자연스레 '인권 교육'이 연구소의 핵심 업무로 자리 잡았으며, 인권은 연구소의 모든 교사를 통해 모든 교실에서 교육되고 있다.

아프간학습연구소 교실에서는 메시지와 그림을 통해 평화와 인권에 대해 설명하며 평화를 실현하고 인권을 증진하기 위한 수업을 진행하고 있다. 교실 분위기는 개방적이고 상호작용이 활발하다. 훈련된 교사들과 함께 학생들도 자유로운 분위기에서 수업을 받는다. 학생들은 박해와 조롱 없이 자신의 생각과 의견을 나눈다. 아프간학습연구소 교사들과 직원들은 아프가니스탄의 문화와 전통을 존중하며, 아프간학습연구소의 진보적 프로그램에 대한 보수 세력의 반발 가능성을 최소화하는 데 중점을 둔다.

아프간학습연구소는 새로운 프로그램을 설계하고 구현하기 위해 여성뿐만 아니라 남성도 포함한 '전체적인 공동체'를 지향한다. 남성도 함께 교육하는 것이 결국 여성의 인권을 높이는 일이기 때문이다. 올바른 교육을 받은 남성은 여성을 존중하고 아이들을 마음대로 다루지 않게 된다. 또한 남성이 남성으로서의 역할을 하도록 도와주며 성별에 따라 차별을 두는 것이 결코 아이의 미래를 위해 나을 것이 없다는 걸 스스로 느끼게 된다.

사키나 야쿠비 박사는 아프간학습연구소의 인력을 고용함에 있어 성별과 나이에 차별을 두지 않으며 교육과 보건 서비스를 제공하는 데에도 차별 없이 포괄적으로 시행할 것을 큰 가치로 내세운다. 이 모든 원칙들은 아프간학습연구소와 이후에 설립된 여성러닝센터 등 사키나 야쿠비 박사가 제공하는 모든 시설에서 활동의 근간이 되며, 모든 직원들도 인권 교육을 성공적으로 수행하려면 이러한 원칙을 준수하는 것이 무엇보다 중요하다고 믿는다. 이러한 철학과 가치를 근간으로 삼는 아프간학습연구소 교실의 포괄적이고 통합된 인권 교육 프로그램은 학생들에게 문제 해결을 위한 정중하고 평화로운 대안을 제공한다.

교사들은 학생들이 다소 민감한 문화와 종교, 인권 문제에 대해 편안한 분위기에서 토론하고 비판적 성찰을 하도록 촉진하면서 인권을 명료화하는 방법을 교육한다. 그중 하나가 브레인스토밍이다. 교사는 학생들에게 자신의 권리를 열거하도록 요청하고, 학생들은 이에 반응한다. 교사는 국제 인권 문서, 이슬람 및 문화 풍습을 참고하여 학생들의 아이디어를 강화한다. 또한 교사는 사례 연구를 통해 학생들이 자신의 권리에 대한 아이디어를 얻을 수 있도록 도와주기도 한다.

사키나 야쿠비 박사는 집도 잃고 자녀도 잃고 자존감까지 잃어버린 난민 여성들에게 가장 필요한 것은 '스스로 자신의 가치를 깨닫는 것'과 '더 이상 남성에 의존하지 않는 것'이라고 생각했다. 아프간학습연구소에서는 보호받아야 할 여성들이 잘못된 관습에 의해 자유를 잃어버리고, 사회로부터 받는 차별과 학대에서 벗어날 수 있도록 그들에게 인권 교육을 시키며 자존감을 끌어올리는 워크숍을 기획하고 진행해 나갔다. 또한 자신 스스로가 바로 서서 불합리에 대응할 수 있도록 리더십 교육을 병행했다. 특히 다른 이들과의 소통이 어려운 아프가니스탄 여성들을 위해 여성러닝센터를 적극적으로 활용했다.

더 이상 여성들은 경제적인 이유로 외면당하지 않는다. 별도의 수입원이 없는 여성들은 무료로 기술 교육을 받을 수 있고, 지불이 가능한 여성은 형편이 허락하는 만큼 수업료를 낸다. 이러한 서비스 제공에 대해 사키나 야쿠비 박사는 "아프가니스탄의 여성들은 여성의 권리를 알게 되었고 그들의 권리를 보호받을 길을 찾게 되었습니다. 그러나 많은 여성에겐 그들의 꿈을 추구하기 위한 지원이나 자금이 없습니다. 이 센터는 그들에게 필요한 도움을 줄 것입니다."라고 말했다.

여성들의 권리를 보다 전문적으로 보장하기 위해 아프간학습연구소는 2015년 아프가니스탄 헤라트에 첫 아프간학습연구소 여성법률자문센터를 열었다. 여성부 장관(MOWA)과 인권위원회(HRC)의 협력하에 아프간학습연구소는 가난한 여성들을 위한 법률 조언을 제공하게 되었다. 헤라트 법원 근처에 위치한 자문센터에는 5명의 전문 변호사들이 여성들에게 도움을 주기 위해 대기한다. 아프가니스탄 여성들에게 인권과 정의, 평등과 법률 자문에 대한 일은 이제 그리 어려운 일이 아니다. 여성들이 스스로 자신의 권리를 찾아갈 수 있도록 아프간학습연구소는 자녀 양육권, 상속권 혹은 자산 보호, 합작 사업 및 아동 결혼, 소녀의 동의를 구하지 않은 결혼, 아동 및 여성 학대 등 다양한 일들을 처리할 수 있는 기관이 되어 주고 있다.

1994년 탈레반이 권력을 잡았을 당시에는 소녀들의 교육은 철저히 금지되었고 여성들이 경제적인 활동을 하는 것을 막기 시작했다. 그때 여성 교사들이 이끄는 아프간공동체는 가정이나 지하에서 몰래 학교를 열었다. 결국 탈레반이 무너졌을 때, 아프가니스탄 사람들은 지속적으로 교육의 혜택을 볼 수 있게 되었고, 수백만 명의 소녀들이 학교 교실을 가득 채웠다. 많은 공동체가 학교에 갈 기회가 없는 여성과 나이 많은 소녀들에 대한 교육을 요청했다. 이후 사키나 야쿠비 박사는 이러한 요구를 해소하기 위해 여성과 소녀들을 위한 여성러닝센터를 오픈했다. 여성러닝센터는 기술 교육을 제공한다. 대부분의 아프가니스탄 여성들은 집을 떠날 수 없으며, 오직 직접적으로 관련된 여성들과만 사귈 수 있는데 여성러닝센터를 다니며 서로 의견을 나누고 아이디어를 공유하는 등 서로가 문제를 해결하도록 도울 수 있게 되었다. 사키나 야쿠비 박사는 여성러닝센터에서 훗날 지역 전반의 지지를 얻게 되는 여성네트워킹운동(WNM, Women's Networking Movement)의 씨앗을 목격할 수 있었다.

다른 나라에서는 그다지 주목할 만한 가치가 없을지도 모르는 미미한 일이지만, 여성들에게 보수적인 아프가니스탄에서 이것은 아주 큰 변화다. 사키나 야쿠비 박사는 여성들이 모여 서로 배우고, 문제를 해결하고, 네트워크를 형성할 수 있는 안전한 공간을 제공함으로써 고요한 혁명을 이끈 것이다. 실제로 아프간학습연구소의 여성네트워킹센터가 있는 지역사회에서는 여성의 삶의 질이 눈에 띄게 향상되고 있다. 여성들은 수업을 듣고, 읽고 배우고, 수입을 올리고, 사회에 참여한다. 여성들은 아이디어를 공유하며, 이렇게 모인 아이디어는 구체화되어 혼자서는 해결하지 못했던 문제를 풀어 나가는 데 큰 도움이 된다. 최근 여성러닝센터 중 한 곳의 리더십 워크숍에 참석한 한 여성은 이렇게 말했다. "이 워크숍을 시작하기 전에, 저는 제 일에 최선을 다한다는 느낌을 갖지 못했습니다. 저는 지역사회에 기여하는 법을 몰랐습니다. 그런데 리더십 워크숍에 참여하며 타인을 바람직한 방향으로 이끄는 방법을 배웠습니다. 저는 일하러 가는 길에 거리에서 항상 구걸하는 많은 여성들과 마주칩니다. 이것이 저를 매우 슬프게 했습니다. 워크숍이 끝난 후, 저는 이 문제를 해결하기 위한 행동을 하기로 결심했습니다. 저는 구걸하던 거리의 여성들에게 정원 청소를 제안했습니다. 이는 공동체에 필요한 일이기도 했습니다. 제안은 받아들여졌고, 저는 그 여인들을 모아서 정원으로 데려갔습니다. 알고 보니 그들 대부분은 남편이 마약 중독이거나 직장을 구할 수 없는 상태라 어쩔 수 없이 구걸을 하는 중이었습니다. 1년 동안 이 여성들은 정원을 관리하며 스스로 생산적인 일을 할 수 있음을 깨달았습니다. 비로소 자신이 구걸할 필요가 없다는 것을 깨달았고, 일을 통해 생계를 유지할 수 있게 되었습니다."

아프가니스탄에서는 조용한 혁명이 일어나고 있다. 그것은 점진적으로 다양한 변화를 가져오는 중이다. 아프가니스탄 여성들이 정원 청소를 위해 다른 사람을 돕는 등의 계획을 세우면서 지역사회는 여성의 리더십을 보기 시작했다. 지역사회는 여성이 사회에 참여할 수 있는 안전한 방법이 있으며, 여성도 남성과 마찬가지로 리더가 될 수 있음을 몸소 체험하게 되었다. 사키나 야쿠비 박사는 여성들의 작은 행동들이 모여 아프가니스탄이 이전처럼 평화로운 나라가 될 것이라고 확신한다.

아프간학습연구소는 '네트워킹'이라는 아이디어에 착안하여, 2015년에 70명(여성 41명)을 초청한 여성 네트워킹 컨퍼런스를 개최했다. 컨퍼런스의 목표는 강한 여성 연대를 조성하는 것과 남성을 포함한 지역사회 안에서의 의사소통을 통해 개개인의 능력과 혁신을 극대화하는 것이었다. 참가자들은 교사, 정부 관료, 사회운동가, 학생, 의료 관계자 등 다양한 배경을 가진 사람들이었고, 컨퍼런스가 '정부와 사회의 올바른 기능'을 메인 주제로 다뤘기 때문에 젊은이, 여성, 시민 사회의 리더와 관리자들이 함께 모여 토론의 장이 열리게 되었다. 경제와 부패의 상호 작용 및 지도자가 되기 위한 개인의 책임에 대해서도 논의했다.

많은 아프가니스탄 사람들은 기초를 넘어 보다 복잡한 것을 배우기를 바라며, 네트워킹과 같은 유동적이고 능동적인 콘셉트 또한 받아들이고 있다. 여성러닝센터에서는 여성들이 만나서 서로 아이디어를 나눈다. 그들은 리더십과 인권 수업을 요청하며 일부는 마을 의회에 가입하고, 또 다른 여성들은 지역사회 보건 요원이 되기도 한다. 지역사회는 이러한 변화를 통해 교육이 개인, 가족 및 궁극적으로 지역사회에 도움이 된다는 사실을 체감했다. 또한 지역사회의 주민들이 직접 그 과정에 참여하고 그 가치를 확인할 수 있기 때문에 여성과 교육에 대한 편견 역시 많이 변화되고 있다.

아프간학습연구소의 교사들은 아프가니스탄 여성들이 맞닥뜨린 민감한 문화와 종교, 인권 문제에 대해 편안하고 자유로운 분위기에서 비판적 성찰을 할 수 있도록 돕기 시작했다. 대다수의 여성이 느끼는 고통을 혼자서 끙끙 앓기보다 다른 사람들과 공유할 때 그 고통은 한결 가벼워진다는 것을 깨닫게 하고, 공감 능력을 키우고 함께 해결해 나가기 위해서였다. 예를 들어 '여성과 소녀들에 대한 무슬림 사회의 폭력은 없어져야 한다.'라는 주제를 놓고 다음과 같이 한 가지 사례를 들려주는 것이다. '말리카는 현재 40세이고, 20년 전 사이플과 결혼했습니다. 그녀는 결혼하기 전부터 다카 외곽의 건설 현장에서 일했습니다. 말라카의 맨손과 맨발은 거친 돌로 인한 상처와 물집으로 가득합니다. 그러나 말리카는 자신의 소득을 전혀 알 수 없습니다. 남편인 사이플이 그녀가 월급을 받는 대로 가져가기 때문입니다.'

어느 누구의 이야기를 콕 집어 들지 않고 현재 실생활에서 일어나고 있는 일들을 이처럼 사례화하여 학생들에게 들려주고 교사는 "사이플이 말리카의 인권을 침해하고 있습니까? 만약 침해하고 있다면 어떤 권리를 침해합니까?"라고 질문함으로써 비판적인 사고를 키운다. 간단해 보여도 평생을 가장의 지배하에 살아온 여성들에게는 그 질문의 답을 찾기가 어려울 수 있다. 그렇기에 다른 사람의 인권 침해 사례를 토론하며 자신의 인권에 대해서도 생각해볼 수 있는 힘을 키워 주는 것이다. 학생들은 사례를 연구하고, 자신이나 다른 사람이 경험한 것들을 보여준다. 인권에 관한 아이디어와 토론을 생성하기 위해 사례를 역할극으로도 소화할 수 있다. 참가자는 결코 격려를 받거나 압박을 당하지 않는다. 심지어 개인적인 이야기를 공유하도록 강요당하지도 않는다. 교육 참가자와 학생들은 이곳이 안전하고 편안하다고 느끼면 자발적으로 자신의 이야기를 꺼내 놓는다. 학생들은 이러한 과정을 거치며 자신의 권리를 확인하게 된다. 그리고 자신이 마주한 부당한 남성우월주의 사회에서 자신들을 어떻게 지킬 수 있을지 다른 여성들과 함께 토론한다. 문제 인식을 재고하고, 궁극적으로 인권 문제를 해결하기 위해 끊임없이 조언과 제안을 한다. 그리고 학생들은 모두 함께 자신과 이웃 사람들이 직면한 인권 문제를 해결할 수 있다는 밝은 미래를 그리며 힘을 얻는다.

사키나 야쿠비 박사는 자신감에 차 있는 여성들의 얼굴에서 아프가니스탄의 미래를 본다. "나는 아이와 여성들이 웃고 있을 때 나의 모든 고통과 문제를 잊습니다. 왜냐하면 그 웃음이 그들에게 얼마나 많은 것을 의미하는지 알기 때문이지요. 무기력하고 수동적인 상태였던 여성이 자신의 능력을 발견하고 자신감에 찬 목소리로 '저는 일을 합니다. 돈을 벌어 빵을 살 수 있고 아이들을 학교에 보내기도 합니다. 저는 제 스스로 옷을 사서 입고 타인을 고용해서 제 일을 하게 할 수도 있습니다.'라고 말하는 걸 보면 그동안 쌓인 피로가 순식간에 사라져요. 아무리 피곤하더라도 계속 갈 수 있습니다. 그것이 인생입니다."

사키나 야쿠비 박사는 아프가니스탄 여성들이 그 행복과 기쁨을 조금이라도 느끼길 원한다. 그렇게 나아가는 과정에서 오는 행복과 기쁨, 이것이야말로 사키나 야쿠비 박사가 그들에게 헌신하는 삶을 살아갈 수 있도록 만드는 원동력이다.

"나는 아이와 여성들이 웃고 있을 때 나의 모든 고통과 문제를 잊습니다.
왜냐하면 그 웃음이 그들에게 얼마나 많은 것을 의미하는지 알기 때문이지요.
그동안 쌓인 피로가 순식간에 사라져요.
아무리 피곤하더라도 계속 갈 수 있습니다. 그것이 인생입니다."

4. 사랑과 용서 컨퍼런스로 영혼을 치유하다

"아프가니스탄 사람들은 매우 가난하기 때문에 교육이 필요합니다. 정신적으로는 과거에 일어났던 일들을 잊고 미래를 만들어 나갈 수 있어야 하고요. 용서와 사랑하는 법 역시 그들에게 필요하지요. 우리가 스스로의 희망이 되고, 나아가 다른 나라의 난민들에게도 희망의 모델이 되어야 합니다. 국민들은 정부에 분노하고 있습니다. 여성은 남편과 삶의 터전을 포함한 많은 것을 잃었어요. 그러나 복수로는 절대 이러한 갈등을 해결할 수 없습니다. 사랑과 보살핌, 용서가 아프가니스탄의 평화를 가져올 것임을 확신합니다."

아프가니스탄 사람들은 간절히 평화를 원하고 있다. 그들은 이웃 사람들과 어울리며, 모든 이를 위한 기회가 있는 건강하고 풍요로운 사회의 혜택을 즐기고 싶어 한다. 그중에서도 교육의 기회와 건강관리는 평화로운 미래를 향한 필수적인 요소들이다. 그러나 신뢰, 자신감, 공동체 가치에 대한 확신이 없이 평화를 향해 나아가는 것은 그 미래가 요원한 것처럼 느껴지게 만든다. 이것이 바로 아프간학습연구소의 혁신적인 '사랑과 용서 컨퍼런스'가 나오게 된 배경이다. 이것은 아프가니스탄 사람들이 이전에 알던 평화에 대해 배우는 것만이 아니라, 서로를 통해 사랑과 용서를 경험하게 하는 기회를 제공한다. 사랑과 용서를 경험하면, 그들은 가정과 지역사회를 바꾸는 사람으로 빠르게 변화한다.

종교마다 '사랑과 용서'에 대해 이야기한다. 사람들에게 사랑과 용서의 마음이 내재되어 있다면 더 이상의 갈등과 전쟁은 일어나지 않을 것이다. 사람이 사람을 학대하거나 조종하거나 죽이는 일 또한 벌어지지 않을 것이다. 어떻게 보면 '사랑과 용서하는 마음'이 모든 전 지구적인 갈등을 해결할 수 있는 비책인지도 모른다. 그러나 극심한 갈등 상황 속에서 사랑이라는 용기를 보이기란 사실상 매우 어렵다. 사키나 야쿠비 박사 역시 그것이 쉽지 않은 길임을 잘 알고 있었다.

그러나 다만 교육으로 각자의 마음에 사랑과 용서의 힘을 길러야 함을 '알려줄 수는 있다'고 생각했다. 남성들에게 짓밟히고 상처받으면서도 자식들 때문에 삶을 포기할 수 없는 많은 아프가니스탄 여성들에게 '사랑과 용서'는 그들이 다시 용기를 얻고 살아갈 수 있는 힘을 채워 줄 유일한 길이 될 수도 있다.

2012년부터 여성 740명을 포함한 1,300명의 아프가니스탄 사람들은 10회의 사랑과 용서 컨퍼런스에 참석했다. 이 컨퍼런스의 참석자들은 사랑과 용서라는 키워드로 스스로와 사회를 바라보는 법, 다른 이들과 어울리는 방법을 모색하며 아프가니스탄을 향한 시선을 바꿔 가고 있다. 참가자들 간에 더욱 신뢰가 생기고, 다른 이들에 대해 덜 부정적이며 더 긍정적인 마음을 갖게 되었으며, 그리고 가정과 이웃, 직장 동료들과 보다 조화로운 관계를 형성하게 되었다고 말한다.

사랑과 용서 컨퍼런스는 서로 다른 지방으로부터 많은 민족들을 불러 모아, 다양한 아프가니스탄 사회의 스펙트럼을 한 자리에서 통합시키고 있다. 참가자들은 정부 관료들, 교육자들, 사회운동가들, 대학생들과 같이 다양한 교육 배경을 가진 사람들이다. 컨퍼런스는 온라인으로 실시간 방영된다. 추후의 배급을 위해 녹화되었고, TV와 라디오를 통해 널리 알려졌다. 그리고 지역마다 뛰어난 리더들이 인간 삶의 가치, 상호 존중, 배려와 경청, 신뢰, 희생, 공유, 리더십 등 다양한 주제에 대한 워크숍을 이끌어 간다. 컨퍼런스 세션들 사이를 채워 주는 물러너 루미(Mawlana Rumi)의 아프가니스탄 전통 음악과 시는 참가자들에게 마음의 안식을 제공하고, 참가자들 간의 화합에 대한 즉각적인 영감을 불러일으킨다.

컨퍼런스 참가자들은 전쟁과 내전으로부터 비롯된 온갖 비참한 사건들을 함께 겪은 당사자들이다. 치유가 필요한 그들은 사랑과 용서 컨퍼런스를 통해 서로를 좀 더 깊이 이해하고 경험을 공유하며 서로를 보듬는 대상이 되어 준다.

특히 여성들은 그들이 직면한 문제들에 대해 다른 여성들과 공감하고 의사소통하며 같은 고통을 해결하기 위해 연대할 수 있는 장점이 있다. 첫 컨퍼런스의 유익한 한 결과는, 아프가니스탄 젊은이들의 관심이 급증했다는 것이다. 학교 내에서 평화와 사랑, 용서에 대한 워크숍을 열어 달라는 청년들의 요청이 쇄도했다.

"이와 같은 주제들을 모든 학교의 교육과정에 포함시킴으로써, 모든 어린이들은 어릴 때부터 아프가니스탄이라는 나라가 갈등의 장이 아니라는 것을 배울 것입니다. 아이들은 스스로의 삶에서 사랑의 가치들을 실천할 수 있음을 알아야 합니다. 우리는 어린이들에게 지식은 물론이요, 반드시 자신과 타인을 사랑하는 마음을 가르쳐 스스로 험난한 세상을 긍정적으로 헤쳐 나갈 수 있게 만들어야 합니다."

사키나 야쿠비 박사의 이야기에서 알 수 있듯, 사랑은 인간 공동체를 유지하는 기본적인 요소다. 이를 일깨워 주는 사랑과 용서 워크숍으로 인해 아프간학습연구소는 사랑이 아프가니스탄 사람들의 변화를 지속시키는 원동력임을 다시 한 번 깨닫게 하는 계기가 되었다.

사키나 야쿠비 박사는 신과 사랑, 하나 됨으로 모든 상념을 없앨 수 있으며 모든 사람들이 행복해질 수 있다고 믿는다. 어렵고 껄끄러운 관계도 사랑의 힘으로 극복할 수 있다. 야쿠비 박사는 악기를 통해서도 사랑을 전달할 수 있다고 말한다.

"저는 겁이 없습니다. 왜냐하면 제가 두려움을 느끼는 순간, 모든 것을 그만두기 때문입니다. 우리는 교육으로 우리 스스로를 돕지 않으면 안 됩니다. 다른 국제적인 커뮤니티가 우리를 아무리 돕는다 해도 우리 스스로 아무것도 이루지 못하면, 또다시 비참한 상황이 반복될 것입니다. 국제구호단체들은 구호가 필요할 때 들어왔다가 더 이상 지원이 필요 없게 되면 나갈 테니까요. 그들만을 바라보면 우리는 '좀비'가 될 수도 있습니다. 그러니까, 우리는 우리 스스로를 도와야 합니다. 충분히 가능성이 있어요. 왜 우리 자신을 돕지 못하겠습니까? 기꺼이 그렇게 할 수 있습니다. 저는 '가정이 기둥이다'라는 말에 전적으로 동의합니다. 저 역시 저의 가족으로부터 넘치는 사랑과 응원을 받고 있습니다. 그러나 이곳을 찾아오는 사람들은 가족들로부터 응원과 사랑을 받지 못합니다. 내가 사무실에 있으면 아침부터 저녁 늦게까지 나를 만나려고 찾아옵니다. 그들이 어떻게 지내는지 체크하고, 그들의 이야기를 들어주는 것이 제가 사랑의 마음으로 도울 수 있는 것들입니다. 이들에 대한 사랑이 있기에 이들을 돕습니다. 사랑만 있다면, 우리는 모든 것을 해결해 나갈 수 있습니다. 사랑과 용서, 서로를 보살피는 마음이 아프가니스탄에 평온을 가져올 겁니다."

사키나 야쿠비 박사는 우리들에게 '사랑'에 대한 메시지를 전한다. 그것이 세상의 전부이며 그것만이 우리를 평화롭게 할 수 있다고 말이다. 그녀의 말에서 우리는 아프가니스탄을 더불어 전 세계 모두의 교육적 가치와 미래를 발견한다. 부디 그 사랑의 힘으로 아프가니스탄에서 교육의 꽃을 활짝 피울 수 있길, 그리고 전 세계적으로 완전한 화합이 이루어지고 난민들이 교육을 통해 새 삶과 평화의 희망을 만날 수 있기를 바란다.

5. 헤라트에 울려 퍼지는
  희망의 라디오, 메러즈(meraj)

시작은 여성과 어린이를 안전하게 지키기 위함이었다. 남성들은 여성을 교육과 보건 서비스 등 외부의 것들과 단절시키고 가정에 숨겼다. 학교가 불타면 부모는 자녀를 보호하기 위해 바깥출입을 통제하고 집 안에 꼼짝없이 가뒀다. 사람들은 외부인인 외국인을 비롯한 다른 사람들을 심하게 경계하기 시작하고, 세상과 단절된 여성들 역시 혼자서 모든 어려움을 감당하면서 모든 정서적인 감정을 잃게 된다. 극심한 폭력과 공포, 의심 속에서는 보수주의가 증가할 수밖에 없다. 근본 가치로의 회귀가 안정에 도움이 되기를 바라기 때문이다. 그렇게 그들은 이슬람 근본주의를 받아들였다.

이러한 상황에서 사키나 야쿠비 박사는 수천 명의 헤라트 지역 거주자와 여성들을 만나기를 오랫동안 염원하고 있었다. 그리고 이제 이 꿈은 라디오 방송을 통해 현실이 되었다! 라디오 메러즈는 하루에 20시간, 9개 지구에 방송되며 200만 명의 청취자들이 함께하고 있다.

최근 사키나 야쿠비 박사는 첨단 기기나 방송을 통해 여성과 아이들에게 희망을 전해 주는 프로그램들을 개발하고 있다. 라디오 역시 그중의 일환이다. 라디오 프로젝트에 사용될 사무실과 교육 프로그램을 지원할 만한 여유가 생기게 된 아프간학습연구소는, 곧바로 프로젝트에 착수해 교육, 과학, 사회 및 문화, 뉴스와 음악 등에 관련하여 다양한 방송을 제공할 라디오 방송국을 세웠다. 주요 프로그램은 토크쇼로, 청소년과 주부를 비롯한 모든 연령대의 남녀를 대상으로 하여 사회문제 동향, 건강 문제, 이상적인 가정, 인권, 시문학, 음악 등에 관련된 주제를 다룬다. 정기적으로 청취자가 참여할 수 있도록 전화로 상호작용하는 포맷을 갖췄다. 아프가니스탄 사람들의 평화롭고 풍요로운 삶에 대한 갈망을 방송이 반영하기에, 청취자들의 피드백은 너무도 긍정적이다. 또한 라디오 메러즈의 정규 방송은 아프간학습연구소 여성 법률자문센터의 변호사들이 여성의 인권과 센터의 서비스를 홍보하는 수단으로도 사용되고 있다. 더 나아가 지구촌의 시민으로서 현재 세계에는 무슨 일들이 벌어지고 있으며, 그렇다면 조국을 위해 무엇을 할 수 있는지 생각하는 힘을 기르게 하기 위한 교육도 제공한다.

라디오 방송과 더불어 사키나 야쿠비 박사는 아프간의 문화 부흥에도 노력하고 있다. 아프간학습연구소의 목표는 아프가니스탄 사회의 문화와 가치를 복원하고, 그 가운데 아프가니스탄 사람들이 세계 속에서 조화롭게 어울리고 공헌하는 국민으로서 자리매김하는 것이다. 사키나 야쿠비 박사는 지금 아프가니스탄 사회를 개혁하는 것만이 아니라, 투쟁과 전쟁이 있기 전이던 아프가니스탄의 평화롭고 문화적인 사회로 사람들을 다시 연결하는 과정을 진행 중이다. 결국 현재를 과거와 잇는 시도를 하고 있는 것이다. 사회를 재건하기 위해서는 아프가니스탄 사람들이 그들의 과거를 이해하고, 조상들의 정체성과 핵심 가치를 모두 다시 알아야 할 필요성이 있다. 이것이 아프간학습연구소가 유리 제조, 타일 제조, 카펫 직조, 미니어처 그림과 같은 아프가니스탄 전통 예술 및 공예와 아프가니스탄 의상 제작, 실크 직조, 넛 직조 (nut weaving, 바구니 공예), 자수와 코바늘 공예 등의 실용적인 기술들을 가르치는 이유이다. 2015년, 아프간학습연구소에서 마련한 시타델 센터의 유리 제조, 타일 제조, 서예와 그림 등의 수업에는 109명의 남성들이 참여했으며 수백 명의 여성 및 소녀들은 아프가니스탄 전통 바느질을 배웠다. 그들은 다시금 아프가니스탄의 평화가 찾아와 전쟁 이전의 문화적 부흥기가 찾아오길 간절히 바라고 있다.

라디오 메러즈는 하루에 20시간, 9개 지구에 방송되며
200만 명의 청취자들이 함께하고 있다.
최근 사키나 야쿠비 박사는 첨단 기기나 방송을 통해
여성과 아이들에게 희망을 전해 주는 프로그램들을 개발하고 있다.
라디오 역시 그중의 일환이다.

6. 평화를 후대의 유산으로, 아프가니스탄의 새로운 바람

사키나 야쿠비 박사는 1978년부터 약 20년간, 사실상 교육된 아프가니스탄 국민들을 3대에 걸쳐 잃게 되었다고 말한다. 연로한 1세대 국민은 나라를 떠나 유럽, 미국 혹은 호주로 망명했으며 여전히 많은 사람들이 태어난 땅을 떠나고 있다. 2세대 사람들은 소련과의 전쟁과 계속된 내란으로 죽어 갔다. 그리고 3세대는 죽어 간 그들의 자녀 즉, 아무런 교육도 받지 못한 채 총과 무기, 폭탄에 대항해야 하는 아이들이다. 아마 지속적인 기간 동안 전쟁과 기근에 시달리는 나라들 역시 마찬가지 상황일 것이다.

사키나 야쿠비 박사는 아프간학습연구소와 여성러닝센터가 이 잃어버린 3대의 지도자들과 교사, 의사들의 빈자리를 대신해야 한다고 말한다. 어떤 조그만 성공이라도 그녀와 그녀가 지원하는 모든 서비스를 제공받는 사람들에게도 힘이 되고 있다. 요즘 들어 사키나 야쿠비 박사는 여성으로서, 그들이 하는 일이 얼마나 중요한 역할을 하는지 스스로가 알 수 있을 정도라고 말한다.

"당신이 만약 누군가를 사랑한다면 당신은 그 누군가에게 가진 모든 것을 주길 원할 것입니다. 사랑은 끝이 없는 그 무엇입니다. 저는 학교와 센터를 지었고, 여성들은 이곳에 와서 고통을 잠시나마 잊을 수 있습니다. 저는 이 시설들을 돌보고, 지키기 위해 싸우고, 돈을 모아 그것을 유지하고 있습니다. 제게 보이는 것은 밝은 마음을 가진 고아들이었습니다. 저는 그들을 무척이나 사랑합니다. 그러나 그들은 자신이 무엇을 해야 할지 모릅니다. 내가 그들을 위해 해줄 수 있는 것이 무엇일까요? 바로 교육입니다."

사키나 야쿠비 박사는 아프가니스탄의 미래를 위해, 그리고 모든 것을 잃어버린 난민들을 위해 기꺼이 자신의 삶을 바쳤다. 그리고 자신의 희생으로 평화로운 미래를 만들 수 있다면 그것으로 그녀는 모든 소명을 다한 것이라 믿고 있다. 그녀가 최근 자부심을 느끼고 있는, 아프가니스탄 난민들에게 미치고 있는 또 하나의 중요한 영향력은 아프간학습연구소의 직원 중 대부분인 80%가 비록 적을지라도 급여를 받으며 일을 한다는 점이다. 이는 시사하는 바가 매우 크다. 매년 많은 사람들이 사키나 야쿠비 박사가 일군 시스템 안에서 혜택을 제공받는다는 뜻이며 이곳에서 할 일을 찾고 자신의 생계를 꾸려 가는 사람들이 점차 늘고 있다는 것을 의미하기 때문이다.

사키나 야쿠비 박사는 어떻게 인도주의적 입장에서 수혜자를 더 많이, 위협에 대비한 사람들의 탄력성을 최대한으로, 미래 위험 요소 관리를 보다 낫게 할 것인가에 대해 늘 고민하고 계획을 세운다. 그럼으로써 그 계획 및 구현 과정에 보다 많은 실제 수혜자의 개입이 필요하다는 것도 알아냈다. 사키나 야쿠비 박사는 국가들과 지역, 국제단체의 인도주의적 프로그램 기획자 및 실행 인원은 최소 50%가 원래 가장 취약 계층이었던 실 수혜자들이어야 한다고 말했다. 그리고 모든 관련 인원의 50%가 여성이며, 10%는 젊은이들이어야 한다고도 구체적으로 언급했다.

"저는 이 아이들이 사회에서 적극적으로 일하는 사람이 되길, 그리고 사회에 도움이 되는 선한 영향력을 펼치는 사람으로 자랄 수 있기를 바랍니다. 이를 위해 좋은 환경을 만들어 주는 것이 저의 역할이라고 생각해요. 또한 여성들은 나약하고 부서지기 쉬운 존재들이 아님을 증명하고 싶어요."

사키나 야쿠비 박사는 현재의 삶이 고단하더라도 미래세대가 바뀔 수 있다면 모든 환경을 마련해 주고 싶다고 말한다. 그리고 그녀가 가르치는 학생들이 아프가니스탄의 미래를 만들고 전 인류의 고통을 종식시킬 수

"저는 이 아이들이 사회에서 적극적으로 일하는 사람이 되길,
그리고 사회에 도움이 되는 선한 영향력을 펼치는 사람으로
자랄 수 있기를 바랍니다.
이를 위해 좋은 환경을 만들어 주는 것이 저의 역할이라고 생각해요."

있는 리더로 자라길 희망하고 있다. 후대에게 평화와 희망을 선물하고 싶은 것이다.

"우리는 강한 지도자가 필요해요. 강하다는 것은 결코 무력을 말하지 않습니다. 희망을 믿고 절대 포기하지 않는 그런 사람입니다."

지금 아프가니스탄 사람들은 비록 고통을 겪고 있지만 아주 천천히 조금씩 앞으로 나아가고 있다. 용감한 여성들과 아이들이 박사와 함께하기 때문이다. 사키나 야쿠비 박사 역시 그들을 통해 자신이 원하는 아프가니스탄을 꿈꾼다.

"저는 보통 사람의 인생을 살 수 없습니다. 파티를 즐길 수도 없고, 아무데나 자유롭게 다닐 수도 없어요. 하지만 나는 타인을 도울 수 있으니 이러한 삶도 괜찮습니다. 제가 이러한 일들을 하지 않으면 타인에게 생길 수 있는 기회마저 사라지기 때문에, 이 일을 계속 할 수밖에 없습니다. 저는 이곳의 아이와 어른들을 꼭 살리고 싶어요."

사키나 야쿠비 박사의 이러한 노력과 더불어 요즘 아프가니스탄에서는 새로운 희망의 바람이 불고 있다. 2014년부터 아프가니스탄의 대통령으로 재임 중인 아슈라프 가니 대통령이 아프가니스탄 재건에 깊은 관심을 기울이고 있기 때문이다. 무장단체들과의 평화 협상도 진행 중이지만 연쇄적으로 일어나는 반군 세력들의 테러로 쉽지는 않은 상황이다. 인류학 박사로 의대 교수를 역임한 후 세계은행 등 굵직한 위치에 서 왔던 아슈라프 가니 대통령은 아프가니스탄의 재건을 고심하며 그 모델로 한국을 염두에 두어 큰 관심을 나타내고 있는 것으로 보인다.

사키나 야쿠비 박사와 아슈라프 가니 대통령 모두 아프가니스탄의 평화와 미래세대의 행복한 삶을 위해 노력하는 모습이 아름답다. 그들의 바람처럼 하루 빨리 아프가니스탄의 안전과 평화, 국민 모두의 편안한 일상이 찾아오길 바란다. 박사의 바람처럼 아이들이 누구나 교육을 받을 수 있고 자유로운 환경에서 마음껏 자신의 꿈을 펼칠 수 있는 나라의 주인이 되는 아프가니스탄 어린이들의 모습을 볼 수 있길 기대해 본다.

7. 전 세계의 도움이 필요하다

전 세계에서는 지금도 다양한 이유로 전쟁이 계속되고 있다. 독재 정권과 맞서 민주주의를 수호하려는 시민들의 투쟁, 서로 자원을 갖겠다는 외부 강대국들과 그에 맞서는 국가와의 다툼, 무너진 정부를 대신해 그 권력을 쟁취하려는 내부 세력들 간의 힘겨루기 등 자신들만의 주장과 인간의 독단적인 이기심이 끊임없는 전쟁을 양산한다.

사키나 야쿠비 박사는 한쪽만의 이익을 위한 전쟁은 반드시 종결되어야 하며 자유와 평화를 위한 민주주의가 아프가니스탄을 비롯한 모든 땅에 뿌리 내리기를 바란다고 말하며 2005년 워싱턴 DC에서 열린 민주주의상 시상식에서 다음과 같은 연설을 했다.

"우리의 자유를 위해 용감하게 자신의 삶을 바친 분들께 감사의 인사와 더불어 축하의 말씀을 드립니다. 우리는 그들을 인정하고 기본적 인권을 존중하기 위해 미국 민주주의의 상징인 미국 의회에 모였습니다. 우리는 용기 있고 창의적인 업적으로, 불과 몇 년 전만 해도 민주주의에 각박했던 아프가니스탄에 자유의 기틀을 마련한 3명의 아프가니스탄인들을 치하하고 있습니다. 그들을 지켜보며 우리는 자유가 유명 인사나 역사적 위인들의 전유물이 아니라는 것을 알게 됐습니다. 그보다는 비범한 일을 해낸 평범한 사람들의 신성한 산물이었다는 걸 느꼈습니다. 미국의 자유는 역사의 부름을 받아, 때로는 위험하지만 그 힘든 역경을 딛고 일어선 사람들의 결실이었습니다. 아프가니스탄 민주주의의 성장 또한 그럴 것입니다. 그 과정에는 군복을 입은 테러리스트나 독재자에 맞서는 사람들도 있고 민간인으로서 맞서는 사람도 있을 것입니다. 민주주의는 양쪽 모두가 필요합니다. 우리는 민주주의가 국민이 주체적으로 선거에 참여한다는 것 이상의 의미가 있다는 걸 알고 있습니다. 즉, 법체계를 비롯해 억제와 균형, 책임, 인권 보호 또한 필요합니다. 이러한 것들이 올바르게 기능하기 위해서는 교육으로 무장한 서민, 경제 기능 외에도 자유세계의 원칙들이 필요합니다. 이 모든 것들이 정부를 떠받쳐야 하는 것입니다.

'민주주의를 위한 국가기금'이 아프가니스탄 시민사회의 발전에 큰 공헌을 한 훌륭한 인물들에게 상을 수여하기로 한 것은 매우 합당한 처사입니다. 실패할 것이라고 말하는 사람들에게 흔들리지 않고 그들은 아프가니스탄에 펼쳐질 자유의 약속을 마음에 품고 부름에 응답하여 뜻을 세워 나갔습니다. 그들은 여성과 어린이들에게 의료 및 교육 서비스를 제공했고 민주주의 이념을 전파하며 지방 정부를 강화해 나갔습니다. 또한 아프가니스탄 전역에 걸쳐 지도자가 될 수 있는 사람들을 훈련시켰습니다. 무엇보다도 민주주의의 참된 의미를 실례로써 보여주었습니다. 탈레반이 독재하던 시절, 희망이라곤 찾아볼 수 없던 때에도 그들은 조국에 남아 조국의 재건을 위해 인생을 바쳤습니다. 국가의 참된 부강이 국민들에게 달려 있다는 것을 이들은 알고 있었던 것입니다. 그들의 업적을 보면 느낄 수 있습니다. 자유는 인간의 창조성을 발현시키고 창조성은 국가의 힘과 부를 결정합니다. 그들의 잠재적인 창조성을 해방시킬 때 비로소 민주주의가 참된 번영과 평화를 구가할 수 있습니다. 이것이 또한 자유를 지켜 나가는 방법입니다.

이들은 이러한 원칙을 고수하며 일해 왔습니다. 그 노력을 통해 더 강한 시민사회가 아프가니스탄에 형성되고 있습니다. 그들은 정부에 동참하여 풍요로운 삶을 이끌고자 하는 모두의 바람을 잊지 않고 있습니다. 또한 수십 년간의 전쟁, 테러, 독재의 흑암 속에서 숨죽인 채 살아가는 수백만 아프가니스탄인들의 잃어버린 목소리를 항상 가슴에 품고 있습니다. 오랫동안 비참하게도 평화는 많은 전 세계 사람들을 비껴갔습니다. 그러나 이들로 인해 이제 영원한 평화가 지속될 것임을 믿습니다. 이 3명의 시민사회 리더와 그들의 동료들, 이 자리에 참석하신 분들 또한 자유에 대한 그들의 약속을 지켜보는 전 세계인들은 머지않아 이 꿈을 현실로 만들 것입니다."

2005년 사키나 야쿠비 박사는 난민 재정착의 근본적인 해법을 제시했다는 평가로 노벨평화상 후보에 올랐고, 그해 미국 정부로부터 받은 민주주의상 시상식에서 수상 소감을 전하며 전 인류에게 메시지를 남겼다. 그녀의 이야기는 우리가 왜 민주주의를 수호해야 하며 왜 전쟁을 종결해야 하는지를 충분히 깨닫게 한다.

야쿠비 박사는 우리가 사회 전체의 부정의(unjustice)와 패권주의에 관심을 갖길 촉구한다. 본래 패권이란, '무력으로 세계를 지배하려는 자의 권력'이라는 뜻으로 1960년대부터 당시 소련이 미국과의 대립으로 중동을 비롯한 여러 나라를 무력으로 침공해 영향권을 확보하려는 데서 처음 등장한 용어이다. 실제로 현재 전쟁을 겪고 있는 나라의 대부분은 강대국들의 개입으로 상황이 더욱 복잡해지고 있다. 한 나라의 정치적 분열을 이용하여 자신들의 이익을 쟁취하려는 패권주의는 전 세계의 혼란을 더욱 가중시킬 뿐만 아니라 더욱 악화시키는 요소로 작용한다.

요즘의 국제 정세는 그야말로 안갯속이다. 한 치 앞이 보이지 않을 정도로 예측하기가 힘들다. 미국에서는 반이슬람, 적극적 군사적 대처, 강력한 법집행을 기치로 삼은 초강경 보수파들이 트럼프 대통령과 함께하고 있으며 러시아는 현재도 테러 진압을 명분으로 한 중동 지역에 군사기지를 확충하여 이권을 차지하기 위해 기회를 노리고 있다.

이것이 바로 현재 내전을 겪는 나라의 난민들이 외국의 영향을 두려워하는 이유이며 그들을 배척하는 가장 큰 원인이다. 난민들은 본국 송환 및 자국 재건에 대한 자결권을 침해할 수 있는 외국의 가치와 의제가 포함된 지원 조직이 잠재적인 위협이 될 수 있다고 우려한다. 이러한 난민들의 두려움은 외국을 옹호하는 단체나 개인에 대한 적대감을 불러일으키며 이러한 사회적 환경에서 특히 여성의 권리에 대한 논의는 때로 격렬한 논쟁과 폭력으로 확대되기도 한다. 그리고 그것은 또 다른 전쟁으로 이어질 수 있는 요인이 된다.

현재 우리가 직면한 사상 초유의 난민 위기는 절대적으로 전쟁이 멈추어야 해결될 문제이다. 더 이상 전쟁으로 죄 없는 사람들이 나라를 잃고 가족을 잃는 일이 발생해서는 안 된다. 전쟁이 없는 곳에서, 특권을 가진 존재 없이 전 세계 사람들이 평등한 삶을 살 수 있도록 평화로운 세계를 만드는 데 모든 나라가 협력하고 집중해야 할 것이다.

"난민들은 전쟁으로 인해 자신의 집과 고향, 직업, 친척과 친구들을 잃은 평범한 사람들입니다. 그들 한 사람 한 사람의 이야기는 정의로운 평화를 실현하기로 한 우리의 약속을 되새기게 합니다. 우리 모두는 신의 뜻에 따라 평화의 수호자로서 난민과 함께하고, 그들을 만나고 환영하며, 그들의 이야기에 귀를 기울여야 합니다."

세계 난민의 날을 맞아 프란치스코 교황은 난민의 인권과 보호를 위해 이 같은 특별 메시지를 성 베드로 광장에서 전 세계에 전했다.

유엔난민기구의 글로벌 특사인 안젤리나 졸리는 시리아 난민 위기 해결을 위해 현재 시리아의 많은 난민들을 적극적으로 수용하고 있는 요르단에 감사함을 표하며 전 세계 국가의 지도자들을 향해 "난민 위기의 정치적 해결책을 찾는 데 모든 역량이 집중되어야 함"을 강조했다. 더불어 전 세계적으로 위기를 가져온 내전의 근본적인 원인이 무엇이며 전쟁의 종결을 위해 어떤 행동이 필요할지를 그들에게 물었다.

미래세대를 위한 평화와 복지에 크게 공헌한 개인이나 단체에게 수여하는 선학평화상의 제1회 수상자인 키리바시의 아노테 통 대통령 역시 이런 말을 남겼다. "난민들이 우리 해안에 도착하는 것을 돕는 일은 인류의 도덕적 책임이자 의무입니다. 난민 위기는 전 지구적 대응이 필요하기 때문에 국제사회는 협력을 강화해야 합니다." 아노테 통 대통령은 수몰 위기에 처한 키리바시를 위해 전 세계가 기후 변화에 능동적으로 대처할 수 있도록 포괄적인 협의체를 구축하는 데 중추적인 공로를 세운 바 있다.

사키나 야쿠비 박사 역시 제2회 선학평화상 수상 연설에서 이렇게 말했다. "현재 우리는 종교, 민족, 인종, 성별로 심판받는 세상에 살고 있습니다. 서로에 대한 증오를 극복하고 사랑, 연민, 지혜를 나눌 때 우리는 평화롭고 조화롭게 공존하기 위한 불멸의 기반을 인류에게 제공할 수 있습니다."

또한 사키나 야쿠비 박사는 인간이 난민이라는 위치에 서게 되면 삶의 터전뿐만 아니라 자존감까지 잃게 되기 때문에 이들이 재정착할 수 있도록 가르치려면 전 세계의 협력이 절실하다고 강조했다. 모두가 나서서 힘을 합쳐도 쉽지 않은 현재 상황에서 미국 트럼프 정부의 반이민 정책과 유럽 국가를 중심으로 생겨나는 반난민 감정은 오히려 상황을 악화시키고 있다. 오갈 데 없는 난민들은 더욱 어려운 처지에 놓이고 만 것이다. 야쿠비 박사는 한국 언론사와의 인터뷰에서 소위 강대국들의 난민 정책에 대해 이 같은 서운

함을 토로했다.

"매우 유감스럽고 안타까운 일입니다. 난민도 인간(human-being)이에요. 특이한 개체나 우리가 피해야 할 존재가 아닌, 우리와 똑같이 살아가는 사람들이죠. 그들은 모든 것을 상실했습니다. 자신의 존재감마저 말입니다. 임시로 피난을 했다가 자국이 안정되어 돌아가더라도 난민들은 경제적으로나 정신적으로 피폐해진 삶을 살 수밖에 없습니다. 난민들은 아이와 젊은이, 여성들이 대부분입니다. 이들은 다음 미래세대를 위한 자양분이자 동력이될 거예요. 평화로운 세계를 위해 미국이든 유럽이든 지금 이 상황을 외면해서만은 안 됩니다."

지구촌 곳곳에서는 전쟁과 폭력에 의해 수많은 사람들이 목숨을 잃고 있으며 1분에 24명에 달하는 사람들이 자국을 떠나 목숨을 건 피난길에 오르고 있다. 낮이고 밤이고 시도 때도 없이 울리는 총성에 놀라 도망치는 남수단 아이들, 하늘에서 떨어지는 폭격을 피해 어린 나이에 국경을 건너는 시리아 아이들, 무차별 학살에 생명의 위협을 느끼는 중앙아프리카 청년들…. 그외에도 수많은 국가에서 국민들의 삶이 무참히 짓밟히고 있다. 급박한 상황을 피해 피난길에 오르더라도 안전하게 다른 거처를 마련할 수 있다는 보장도 없다. 시리아 난민들이 낡은 고무보트에 의지해 지중해를 건너다 보트가 뒤집혀 사망하는 일이 벌어지는 것처럼, 이동하는 과정에서 사고를 비롯한 여러 다양한 요인들에 의해 사망 및 부상의 위험이 발생한다. 물론 외부의 폭력과 학대에도 그대로 노출된다. 특정 집단의 이기심을 위한 전쟁을 당장 멈추고 난민들이 더 이상 인간의 존엄성을 잃지 않도록 우리 모두가 지금, 행동해야 한다.

제4장

미래세대를 위한
선학평화상 수상

1. 선학평화상을 수상하다

"사키나 야쿠비 박사는 '아프간 교육의 어머니', '아프간 재건의 은인'으로 불리는 교육자로서, 폐허와 같았던 아프간 난민촌에서 '교육'으로 난민 재정착의 해법을 제시하고 실천하였습니다."

2016년 11월 29일 미국 워싱턴 DC에서 선학평화상위원회는 제2회 선학평화상 수상자로 사키나 야쿠비 박사를 선정 발표하였다. 선학평화상은 한국에서 제정된 국제 평화상으로 설립자인 문선명·한학자 총재 부부는 '전 인류 한 가족'이라는 비전을 토대로 인류의 평화로운 미래를 위해 헌신하는 평화활동가들을 발굴하고 평화문화를 만들어 나가기 위해 2014년 이 상을 제정하였다.

선학평화상위원회는 매회 시상에서 인류 공동의 운명을 평화로운 방향으로 이끌 '미래 평화 아젠다'를 제시하고 있다. 제2회 시상에서는 역사상 유례없이 치솟고 있는 난민 발생율과 그로 인해 고조되고 있는 국제관계 위기가 세계 평화를 심각하게 저해하고 있다고 판단하여 '난민 위기'를 미래 평화 아젠다로 조명하였다. 그리고 이듬해인 2017년 2월 3일 서울 잠실 롯데호텔 월드에서 열린 제2회 선학평화상 시상식에서 난민 위기 해결을 위한 공로로 아프간 여성교육가인 사키나 야쿠비 박사와 이탈리아 외과의사인 지노 스트라다 박사를 공동 수상자로 선정하였다.

특히 사키나 야쿠비 박사는 난민의 미래를 위해서는 오로지 교육만이 해법이라는 신념으로 1995년에 아프간학습연구소(AIL)를 설립하여 21년간 1,400만 명의 난민에게 교육과 직업 훈련을 제공한 업적이 높이 평가되었다.

사키나 야쿠비 박사의 수상은 유례없는 전 세계적인 난민 위기 속에서 미래세대의 평화를 위해서는 '난민 교육'이 반드시 필요함을 상기시키는 계기가 되었다. 부모가 아이의 죽음을 목격하고, 아이가 부모의 죽음을 목격하는 처참한 상황 속에서 난민들의 마음의 생채기를 보듬고, 더 나은 삶으로 이끌 수 있는 희망을 건네는 것이 바로 교육이기 때문이다. 사키나 야쿠비 박사는 AIL을 통해 교육으로 난민 사회를 재건하고, 난민 위기도 극복해 나갈 수 있음을 실천적으로 보여주었다.

시상식에서 사키나 야쿠비 박사는 평화와 조화를 위해서 오늘날 우리들이 어떠한 마음가짐을 가져야 하는지를 부드럽지만 단호하게 전달하였다. 그녀는 "모든 사람들이 서로의 권리를 존중하고 다양한 문화, 전통, 종교 및 아이디어를 존중하는 환경을 조성할 수 있습니다. 사랑과 연민, 지혜를 바탕으로 전 세계 사람들이 조화롭고 평화롭게 살 수 있습니다."라며 따뜻한 평화의 메시지를 전했다.

2017년 2월 3일 서울 잠실 롯데호텔월드에서 열린
제2회 선학평화상 시상식에서 난민 위기 해결을 위한
공로로 아프간 여성교육가인 사키나 야쿠비 박사와
이탈리아 외과의사인 지노 스트라다 박사가
선학평화상을 공동 수상하게 되었다.

2. 주요 수상 업적

선학평화상위원회는 사키나 야쿠비 박사의 업적을 크게 세 가지로 아래와 같이 제시하여 제2회 선학평화상 선정 이유를 밝혔다.

첫째, 아프간 '난민 교육'에 평생을 헌신

'아프가니스탄 교육의 어머니'로 불리는 사키나 야쿠비는 전쟁과 점령의 극악한 조건에서도 사회 재건을 위해서는 '교육'이 핵심이라는 신념으로 지난 21년간 선구적이고 헌신적으로 난민 교육을 해왔다.

사키나 야쿠비는 수십 년간의 전쟁으로 교육 및 보건 시스템이 완전히 붕괴된 아프간 난민촌에서 교사를 양성하고 소년·소녀 학교를 설립하기 시작했다. 1995년 체계적인 난민 교육을 위해 아프간학습연구소(AIL)를 설립하여 여성과 어린이 1,300만 명에게 교육 및 직업 훈련을 제공했으며, 탈레반 정권의 여성 학교 금지 정책에도 불구하고 목숨을 걸고 80여 개의 비밀학교를 운영하여 3,000명의 소녀들을 교육했다.

현재 아프간교육연구소는 유치원부터 대학교육에 이르기까지 교육과정을 마련했으며, 44개의 교육센터에서 기초 문자 교육 및 다양한 직업교육을 제공하여 난민들에게 소득 창출의 기회를 열어주고 있다. 궁극적으로 난민들을 '비판적 사고'를 할 수 있는 독립적인 민주 시민으로 양성하겠다는 목표하에 리더십, 민주주의, 자신감 및 역량 강화 교육을 제공해오고 있다.

그 결과, 아프간교육연구소에서 교육을 받은 난민들은 자신감과 경제력, 문제해결력이 향상되었으며, 리더로서 성공적으로 공동체 재건에 앞장서고 있다. 30여 년 동안 망명 생활을 경험한 아프간 난민 공동체는 이제 '교육'을 더 나은 미래로 가기 위한 통로이자 본국 재건을 위한 핵심적 요소로 느끼고 있으며, 교육 받은 젊은이들은 아프간의 미래를 위해 주도적인 역할을 하고 있다.

둘째, '전체론적 접근법'으로 난민 재정착의 해법 제시

사키나 야쿠비는 전쟁으로 파괴된 공동체를 재건하기 위해 '전체론적 접근법'을 도입하여 난민 재정착의 혁신적 해법을 제시하였다. 이 접근법은 난민촌의 열악한 교육적, 경제적, 사회문화적, 제도적 제약을 극복하기 위해 사회 전반의 문제를 포괄적이고도 장기적인 계획하에 해결해 나가는 것으로, 아프간 난민들의 전반적인 삶의 질 향상과 지역사회 발전에 크게 이바지하고 있다.

사키나 야쿠비가 설립한 '아프간학습연구소(AIL)'는 민간 차원에서 4개의 사립학교, 병원, 라디오 방송국을 운영하며 '전체론적 접근법'을 실현하고 있다. 1996년 이래 200만 명이 넘는 여성과 어린이들에게 보건 교육을 제공했으며, 이를 통해 난민촌의 영아사망률과 출산 중 산모사망률을 현격히 줄였다.

또한 '사랑과 용서' 워크숍을 지속적으로 제공하여 사회적 박탈감과 분노에 싸여있던 난민들을 지역사회를 혁신하는 긍정적인 리더로 변화시켰다. 하루 100만 명에게 도달되는 라디오 방송을 통해 사회 동향, 건강, 가정의 성공 모델, 인권, 문학, 음악 등의 생활 전반을 다루며 평화롭고 풍요로운 삶에 대한 난민들의 갈망을 해소시키고 있다.

모든 재건 과정은 지역사회가 프로젝트에 주인의식을 구축할 수 있도록 지역사회와 협력적으로 진행하고 있으며, 일방적인 원조가 아니라 지역사회가 필요로 하는 프로젝트들을 마을 구성원들과 협의하며 해결하고 있다. 그 결과 개인, 지역사회, 정부기관 모두가 윈윈(win-win)하는 난민 재정착의 혁신적 변화를 이룩했다.

셋째, 이슬람 여성의 인권과 지위 향상에 기여

사키나 야쿠비는 "소녀를 교육하는 것은, 미래세대를 교육하는 것"이라는 신념으로 이슬람 여성 교육에 매진하여 여성들의 인권을 크게 향상시켰다. 여성교육에 대해 비판적인 이슬람 문화와 전쟁의 상흔으로 인해 아프간은 15세 이상 여성 중 단지 12.6%만이 읽고 쓸 수 있는 세계 최저 수준의 문해율을 기록하고 있다. 사키나 야쿠비는 이런 심각한 상황을 타개하기 위해 지역사회 남성 지도자들을 끈질기게 설득하며 여성 교육에 대한 편견을 개선해 나갔다. 현재 아프가니스탄과 파키스탄의 수많은 여성과 어린이들이 교육을 받게 되었으며, 최근에는 여성대학까지 설립하게 되었다. 가족계획서비스와 피임법, 산모 교육을 제공하여 여성들을 원치 않는 출산의 고통으로부터 해방시켰으며, 아프간 헤라트에 여성 법률 자문센터를 운영하며 여성학대, 자녀 양육권 및 상속권, 동의를 구하지 않은 결혼 등에 대한 법률 조언을 하고 있다.

가정 안에만 고립되었던 여성들은 교육을 통해 서로 모여 여성 네트워킹 센터(Women's Networking Centres)를 형성하게 되었고, 문자와 직업기술을 배우고, 경제 활동을 하고, 사회에 참여하며 인권과 삶의 질이 크게 향상되고 있다. 교육을 통해 건강과 복지를 개선하며, 가족을 위한 재정적 기여를 할 수 있게 되었고, 나아가 자녀의 교육까지 보장할 수 있게 되었다. 교육 받은 여성들은 많은 아프간 난민들을 빈곤의 사슬로부터 벗어나게 하는 데 매우 중요한 역할을 하고 있다.

3. 수상 연설문 [1] :

"사랑과 연민, 지혜를 나눌 때 우리는 평화롭고
조화롭게 공존할 수 있습니다."

1) 본 연설은 사키나 야쿠비 박사가 2017년 2월 3일 대한민국 서울 잠실 롯데호텔월드에서 열린 제2회 선학평화상 시상식장에
서 수상 기념으로 한 연설이다.

310 난민 교육의 어머니, 사키나 야쿠비 박사

지노 스트라다 박사와 함께 2017 선학평화상 수상자로 선정되어 매우 영광으로 생각합니다. 선학평화상의 설립자이시신 한학자 총재님과 제 가족 및 동료 여러분께 진심으로 감사드립니다. 선학평화상은 고 문선명 총재님의 평화 사상을 기리고 그 유지를 선양하기 위해 한학자 총재님의 제안으로 제정되었습니다.

문선명 총재님은 우리가 "하나의 세계적인 가족"이라고 믿었습니다. 이것은 사실입니다. 우리는 평화와 사랑과 지혜가 최우선시 되어야 할 시대를 살고 있습니다. 하나님의 사랑은 인종, 민족, 국적 또는 종교에 의해 차별되지 않습니다. 문선명 총재님은 우리에게 이를 상기시켰습니다. 평화란 갈등 해소, 양성 평등 실현, 모든 인간 존중의 길로 받아들여져야 할 것입니다.

1979년 소련에 의해 아프가니스탄이 침략당하고 저는 난민이 되었습니다. 제 가족 모두가 난민이 되었습니다. 그래서 저는 모든 권리를 빼앗긴 박탈감이 어떤 것인지 잘 알고 있습니다. 존엄성과 자신감을 포함하여 모든 것을 잃어 버렸을 때의 절망감을 알고 있습니다. 이것이 제가 아프간학습연구소(AIL)을 설립한 이유이며, 지난 26년간 아프간 난민들과 함께하며 난민 재정착을 위해 일하게 된 이유입니다. 저는 아프간 사람들이 자존심과 자신감을 회복하도록 돕고 싶었습니다. 그들이 서로 다시 신뢰하고, 지역사회를 재건하고, 핵심 가치를 재건할 수 있기를, 평화롭고 조화롭게 살며 지속 가능한 삶의 방식을 가질 수 있기를 바랐습니다.

현재 우리는 종교, 민족, 인종, 성별에 의해 심판 받는 세상에 살고 있습니다. 잘못된 방식으로 사람들이 낙인 찍히고, 혐오 단체의 표적이 되고 있습니다. 우리는 증오를 극복해야 합니다. 우리는 선한 목소리를 내야 합니다. 불의와 빈곤을 제거해야 합니다. 전쟁은 그 어떤 문제에 대해서도 해답이 될 수 없습니다. 우리는 이 세상에 평화를 가져 오기 위해 공동으로 노력해야 합니다. 이를 위해서는 지식을 공유하고, 지속 가능한 결과를 가져오는 지원시스템을 구축해야 합니다. 우리는 세계 도처에서 평화와 지속 가능성을 보장하지 않는 환경을 조성하는 국가들에게 수백만 달러를 쏟아붓고 있는 것을 목도하고 있습니다. 그 자금은 점진적으로 국가를 발전시킬 수 있는 시스템이 없는 정부나 조직에게 제공됩니다. 그리고 슬프게도, 가장 중요한 도움이 필요한 국가들은 이 지원에서 무시되고 있습니다.

저는 변화를 원한다면 사람들과 관련된 창의적인 프로그램을 만들어야 한다고 확신합니다. 여성, 남성 및 어린이 등 모든 지역사회 구성원들에게 다가가야 합니다. 그들의 삶에 필요한 모든 도구를 제공해야 합니다. 책임, 가치, 연민, 사랑, 평화와 관련된 교육, 건강, 기술, 직업 기회, 경제, 환경 그리고 무엇보다도 인권을 다루어야 합니다. 이전에 제가 유엔과 유럽연합 기구들과 공유했던 것처럼, 사람들에게 기회를 주고, 그들이 무엇을 알고 있는지, 가진 기술은 무엇인지, 줄 수 있는 것이 얼마나 많은지 등 의견을 물어보며 프로그램을 진행했을 때 우리는 놀라운 결과를 얻었습니다.

사람들은 자신들이 가치롭게 받아들여지기를 원합니다. 자신의 목소리에 귀 기울여 주기를 원합니다. 자신의 의견이 전달되면 사람들은 자신감을 얻고 지역사회와 국가의 성공을 보장하기 위해 프로그램에서 적극적으로 역할을 수행합니다. 프로그램의 시작부터 가장 중요한 자산인 '사람들의 지지와 신뢰'를 얻는 것입니다. 인적 자원은 공동체를 세우고 사람들을 하나로 모으는 기초입니다.

사랑, 연민 및 지혜를 나눌 때, 우리는 평화롭고 조화롭게 공존하기 위한 불멸의 기반을 인류에게 제공할 수 있습니다. 모든 사람들이 서로의 권리를 존중하고 다양한 문화, 전통, 종교 및 아이디어를 존중하는 환경을 조성할 수 있습니다. 사랑과 연민, 지혜를 바탕으로 전 세계 사람들이 조화롭고 평화롭게 살 수 있습니다.

2017년 2월 3일
사키나 야쿠비 박사

4. 월드서밋 연설문[2] :
"우리 아이들에게 존엄성과 나눔을 가르치면
전쟁이 사라질 것이라고 믿고 있습니다."

2) 본 연설은 사키나 야쿠비 박사가 2017년 2월 3일 대한민국 서울 잠실 롯데호텔월드에서 열린 국제 컨퍼런스 '월드서밋 2017'
에서 한 연설이다.

선학평화상 창설자이신 한학자 총재님, 선학평화상위원회 여러분, 그리고 각 나라의 정상분들과 대표단들, 언론인, 저명인사, 귀빈 여러분, 오늘 저를 이 자리에 초청해주시고 제 열정과 사명을 여러분들과 나눌 수 있는 기회를 주셔서 감사드립니다.

오늘 제가 여러분에게 이야기할 것은 반복적으로 강조해서 이야기할 것입니다. 왜냐하면 난민 캠프에서 제가 한 일과 지금 하고 있는 일을 여러분에게 설명하지 않으면, 우리가 하고 있는 일에 대한 이해가 잘 안 될 수 있기 때문입니다. 제가 처음 난민촌에서 일하기 시작했을 때는 정말 힘든 상황이었습니다. 당시는 해결해야 할 문제가 많이 있었습니다. 우선, 교육이 사회적으로 여성과 어린이에게 금지되어 있었습니다. 교육시설이 없었고, 사람들을 교육시킬 방법조차 알 수 없었습니다. 그러나 난민 캠프을 개선하기 위해서 단지 어떤 기술과 시간을 낭비해서는 장기적인 발전을 이룰 수가 없습니다.

그래서 우리는 교육 시스템을 만들기로 결정했습니다. 어떻게 교육을 시킬 것인가? 교육에 대한 목표가 있다고 해서 무작정 사람들을 만나 이런 일을 하니까 따르라고 요구하면 될까요? 그것은 옳지 않았습니다. 체계적인 교육을 위해서는 지역 사회의 협조가 필요합니다. 우리는 지역 사회의 사람들이 교육의 참된 가치를 느낄 수 있도록 그들이 진정으로 필요로 하는 것이 무엇인지 묻고, 그것을 어떻게 하면 구현할 수 있는지를 함께 논의했습니다. 그렇게 우리는 지역사회와 지속적으로 관계를 맺기 시작했습니다. 그것은 매우 중요한 일이었습니다. 그러한 관계를 구축하는 것은 사람들이 당신을 신뢰한다는 것을 의미하며, 당신 또한 그들에게 학습이 이루어지는 환경을 제공하고, 그들이 더욱 발전할 수 있도록 필요한 것을 제공해야 함을 의미하는 것입니다. 그것이 우리가 시작한 방법이었습니다. 지역사회를 키우고, 신뢰를 쌓기 위한 몇 가지 요점이 있었는데, 약속만 하고 실행할 수 없는 것이 아니라 실제로 할 수 있는 일을 행하는 것이 중요했습니다. 그래서 우리는 몇몇 프로그램을 시작했습니다. 우리는 학교를 세우고 그다음에는 여성 학습 센터를 설립했습니다.

왜 제가 여러분에게 이런 말씀을 드리고 있을까요? 오늘날 세계는 곤경에 처해 있습니다. 국제사회는 밀레니엄 개발 목표(MDG)를 통해 많은 사람들을 교육할 것이라고 목표를 세워 놓고 그것을 제대로 성취하지 못하고 있습니다. 많은 나라의 정부가 관여했고 유엔도 관여했지만 우리는 그것을 달성하지 못했습니다. 그리고 현재 많은 난민들이 매우 살기 어려운 시대를 살아가고 있습니다. 모두가 난민을 자신들의 나라에서 쫓아내기를 원합니다. 왜? 그들은 난민들이 문제를 만들고 있다고 생각하기 때문입니다. 그들이 훌륭한 시민이 아니고 또 다른 나라에 부담이 된다고 보고 있습니다. 그러나 저는 여러분에게 그것이 그들의 잘못이 아니라고 이야기하고 싶습니다. 그것은 우리의 잘못이었습니다. 난민들이 어떻게 사회에서 역할을 하며 살 것인가? 우리가 난민들의 이야기를 듣고, 그들을 제대로 보게 된다면, 그들의 기술과 역량을 제대로 평가하고, 난민들을 위한 일자리를 창출한다면, 그들은 사회에서 매우 유용한 인재가 될 것입니다. 그들이 기업가가 되거나 누구도 할 수 없는 사업을 창출할 수 있을지도 모릅니다. 이것이 우리가 난민들에게 귀를 기울여야 하는 이유입니다.

저는 유엔과 유럽 연합에 초청 받아 회의에 참석했습니다. 그들은 제가 어떻게 성공할 수 있었는지 물었습니다. 어떻게 오랜 세월 동안 발전하며 목표를 달성할 수 있었는지, 수백만 명의 여성과 어린이에게 교육하기 위해 어떻게 접근하였는지를 알고 싶어 했습니다. 그에 대한 답변으로 우리는 '전체론적 접근법'을 사용하고 있다고 말했습니다. 우리가 사용하는 전체론적 접근법은 우선 시민사회를 통찰하고 그들이 필요한 것이 무엇인지에 집중하는 것입니다. 큰 그림을 제대로 보기 위해서는 교육에만 집중하면 안 됩니다. 우리는 좀 더 창조적이고, 혁신적인 방식으로 제대로 된 교육 시스템을 구축해야 했습니다. 왜냐하면 모두가 서로 다른 니즈(needs)를 가지고 있기 때문입니다. 많은 사람에게 필요한 사항들을 감안하여 커리큘럼을 설계해야 합니다. 그러기 위해서는 기본적으로 사람들을 도우려고 하는 마음이 있어야 합니다. 도우려는 마음이 바탕이 되면 동기 부여가 생기게 되고 그렇게 되면 사람들은 배우기 시작합니다. 먼저 모든 사람에게 맞는 커리큘럼을 만들어야 합니다.

둘째로, 우리가 이 교육 과정을 만들 때 어떻게 이것을 구현합니까? 우리는 단지 읽기와 쓰기를 가르치는 것에 만족하지 않습니다. 우리는 학생들이 비판적인 사고를 가지기 원합니다. 비판적 사고를 갖게 하는 것은 학생들 스스로 자문하고, 다른 사람들에게 질문하게끔 하는 것을 의미합니다. 아시다시피 저는 아프가니스탄에서 자라면서 고등학교까지 졸업했습니다. 제가 다니던 학교에서는 질문이 금지되어 있었습니다. 저는 파키스탄의 페샤와르 난민캠프에 처음 도착했을 때 결심했습니다. 학생들 스스로 손을 들어 질문을 할 권리가 없는 그런 커리큘럼으로 교육하지 않겠노라고 다짐했습니다. 따라서 우리는 사람들이 질문할 수 있는 교육 시스템을 만들었습니다. 비판적 사고를 할 때 사람들은 질문을 합니다.

세 번째는 오늘날 전 세계적으로 많은 사람들이 교육 시스템을 통해 달라졌습니다. 그러나 많은 사람들은 인류를 바라보는 시각은 갖지 못하고 있습니다. 아직까지 많은 사람들은 윤리에 큰 관심이 없고, 자신들의 책임성을 느끼고 있지 못합니다. 대부분은 학교에 입학해서 고등학교까지 졸업하고 대학에 진학하는 것만 관심이 있는데, 막상 졸업하면 사회에서 제대로 된 역할을 하지 못하는 경우가 있습니다. 그들이 진정으로 성공하기 위해서는 사랑, 연민, 지혜를 실제로 느끼고 이해할 수 있어야 하는데 그 능력이 부재합니다. 그래서 우리는 그 문제에 집중했습니다. 우리는 그것이 우리 교육 시스템의 초석이라고 생각합니다. 우리는 그런 문제에 초점을 맞추어 사람들을 가르치고 훈련시켰습니다.

그런 교육방식이 우리 사회에 어떤 영향을 미치는지 말씀 드리겠습니다. 우리가 일을 시작했을 때에는 사람들은 경제적으로, 정신적으로 황폐해진 상태였습니다. 많은 사람들이 자신이 가진 모든 것을 잃어 버렸고, 인간으로서의 존엄성 또한 상실했습니다. 대부분 매우 가난했으며 어디로 가야 할지 몰랐습니다. 우리가 이 교육 시스템을 운영하면서 그들은 권한을 갖게 되었습니다. 예를 들어 저는 여성의 권한 부여에 대한 사례를 이야기하겠습니다. 우리에게는 여성의 권리에 힘을 실어주는 일 또한 매우 중요합니다. 아프가니스탄 사무실에서 일을 하고 있던 어느 날, 한 여성이 길거리에서 구걸하는 아이들 4명을 데리고 방문하여 적선을 해주길 원했습니다. 제가 그들에게 뭐라고 답변했는지 아십니까? "우리는 돈이나 음식을 주는 일반 인도주의적 단체가 아닙니다. 그렇지만 당신을 도울 수는 있습니다."라고 말했습니다. 그러자 그 여성은 "저는 다른 어떤 도움도 원하지 않습니다. 저는 단지 아이들에게 먹일 수 있는 음식을 저에게 주셨으면 좋겠습니다."라고 했습니다. 저는 "만약 당신이 우리를 도와 함께 일을 하고, 당신의 아이들을 학교에 보낸다면 기꺼이 당신을 도와줄 수 있습니다."라고 말했습니다. 오랜 대화 끝에 그녀는 자신의 삶을 향상시키는 데 필요한 것들을 우리로부터 배울 수 있을 것이라고 확신했습니다. 이후 그녀는 우리 사무실에서 청소를 담당하게 되었습니다. 그 여성이 우리의 활동을 돕는 일을 하면서 그 여성은 그녀의 아이들을 우리 학교에 입학시켰습니다. 그녀의 자녀 중 한 명이 학교에서 1등으로 아주 우수한 성적을 거두고 졸업한 뒤 간호사가 되었습니다. 그 딸은 현재 우리가 운영하고 있는 의료 클리닉에서 일하고 있고 가족을 부양할 만큼 충분한 돈을 벌고 있습니다. 어머니가 청소원으로 우리와 함께 일하는 동안, 그 딸은 언니와 형제를 학교에 데리고 가고, 가족을 위해 집을 사서 어머니를 부양했으며 지금은 간호사와 조산원으로 일을 하며 병원에서 일하고 있습니다. 이것이 우리가 여성에게 권한을 부여하는 방식입니다.

더 많은 이야기를 할 수 있지만 요점은 이것입니다. 왜 우리는 여성에게 권한을 실어 주는가? 여성의 힘을 키우는 것은 모든 국가에서 매우 중요한 일입니다. 그것을 통해서 아이들이 혜택을 받게 되고, 가족, 지역사회, 그리고 국가가 혜택을 봅니다. 우리는 여성들이 사회에서 긍정적이고 큰 자산이 될 수 있도록 만들기 위해 노력했습니다. 그러기 위해서는 여성들에게 일자리를 창출해 주어야 합니다. 처음부터 바로 취업 가능한 직업이 없기 때문에 처음에는 기술 훈련을 제공합니다. 우리는 그들을 수업에 참여시키고 배우고 싶은 것을 물어 봅니다. 학생들이 바느질을 배우고 싶다고 말하면, 우리는 바느질 수업에 배치하고 카펫 짜기를 배우고 싶다면 카펫 짜기 수업을 추가합니다. 자수를 하고 싶다면 우리는 자수를 할 수 있게 준비합니다. 그리고 그들에게 일자리를 제공합니다. 많은 돈을 벌지는 못하지만, 여성 교육에 반대하던 사람들이 여성 교육에 동의를 할 수 있을 만큼 충분한 돈을 벌고 있습니다. 처음에 여성들의 교육을 반대한 사람들은 결국 그들을 도왔습니다. 이제 여성들이 가족 부양에 필요한 수입을 창출할 수 있게 되었기 때문에 더 이상 무시당하지 않게 되었습니다. 가난한 나라에서 수익활동을 위해 일을 하거나 경제적인 문제를 해결하지 않는다면 어떻게 가족을 부양할 수 있다고 생각합니까? 물론 아프가니스탄은 보수적인 나라이기 때문에 대부분 여성들은 처음에는 집에 있으면서 일을 하지 않겠다고 말합니다. 기술을 교육함으로써 일을 할 수 있게 하고 교육에 반대하던 사람들에게도 비판적인 사고가 생길 수 있도록 촉진합니다.

그런데 우리가 왜 이런 사업을 하고 있는지 아십니까? 우리는 훌륭한 시민을 만들겠다는 목표를 가지고 있습니다. 좋은 시민을 만들기 위해서는 그럴 수 있는 환경을 조성해야 합니다. 시민들이 우리에게 프로그램과 지원을 요청하고 우리는 그들이 원하는 것을 제공해 주기 위해 노력하고 있습니다. 그래서 시민들은 우리가 특별히 홍보를 하지 않아도 스스로 와서 교육을 받고자 합니다. 운영하고 있는 프로그램은 매우 성공적이었습니다. 그렇다면 개선할 점은 무엇이고 어려운 점은 무엇이냐? 바로 '안전 보장' 문제입니다. 현재 아프가니스탄에서의 안전성은 좋지 않은 상황입니다. 우리는 매일 이 문제에 직면하고 있습니다. 아프가니스탄의 모든 지역에서 사건사고가 일어나고 있습니다. 그렇다고 그냥 구석에 앉아 문제가 있다고 불평만 해야 할까요? 그 지역 시스템과 함께 문제를 해결하기 위해 노력해야 합니다. 지역사회가 우리를 보호한다는 조건하에 우리는 헌신적으로 교육 시스템 개발을 위해 노력을 합니다. 결과적으로 우리는 지역사회와 협력하여 의견을 듣고 그들의 요구를 경청하며 함께 노력합니다. 왜 이걸 여러분들께 말씀드리는 걸까요? 함께 일하고, 서로 협조하고, 함께 협력하면 뭔가를 성취할 수 있습니다. 그러나 당신이 협력하지 않고 조정하지 않는다면 우리는 변화를 창조하여 사람들의 마음을 바꾸겠다는 목표를 달성하지 못할 것입니다. 아프가니스탄에는 교육을 반대하는 사람들이 있습니다. 특히 여성들이 직업을 가지는 것을 막으려고 합니다. 그러나 교육을 반대하는 사람들에게 직접적으로 교육할 수 있게 해 달라고 말을 할 수 없었기 때문에 우리는 그들의 마음을 변화시킬 수 있는 환경을 만들어야 했습니다. 이제는 오히려 이런 사람들과 동맹을 맺어 그들이 우리가 하는 일을 돕고 있습니다. 그래서 혁신적인 교육 시스템을 만들어 나가고 있습니다.

오늘날 아프가니스탄에는 많은 문제가 있습니다. 주요한 문제 중 하나는 가난입니다. 우리가 진정으로 빈곤을 극복하고자 한다면 직업 기술을 창출해야 합니다. 그러려면 어떻게 해야 할까요? 먼저 시민 사회를 살펴보고 학생들을 훈련시켜야 할 분야를 파악해야 합니다. 그리고 지역사회에 어떤 것이 필요한지를 물어 봅니다. 학교가 필요한지, 클리닉이 필요한지, 여성 센터가 필요한지 등등을 물어보고 그들이 무엇을 요청하든지, 우리는 그들이 필요로 하는 것을 제공합니다.

현재 아프간학습연구소(AIL)는 아프가니스탄에서 1,400만 명에게 교육을 통해 도움을 주고, 협조해 왔습니다. 저는 여러분들께 난민들에 대해서 오해하지 말라는 당부의 말씀을 전하고 싶습니다. 난민은 다른 모든 사람들과 마찬가지로 인간입니다. 그들 또한 인권을 가지고 있으며, 그들이 이민하려는 어느 나라든 이주할 권리가 있다고 생각합니다. 그들은 자신의 나라가 싫어서 떠나려고 한 것이 아닙니다. 그들은 자국에서 강제로 추방을 당한 겁니다. 그러니 난민들이 다른 나라에 이민 갈 때, 그곳에 잘 정착할 수 있도록 협조해 주고 발전적인 삶을 살 수 있도록 도와주시길 바랍니다. 특히 그들에게는 교육 프로그램이 필요합니다. 교육을 하지 않고 1~2년 후에 그들을 체포하거나, 벽을 세우거나, 어떤 특정한 종교나 민족 때문에 또는 빈곤 상태 때문에 난민을 받아들일 수 없다고 말하지 마십시오. 우리는 모두 인간이며, 하나님은 우리 모두를 평등하게 창조하셨습니다. 문선명 선생님이 말씀하신 것처럼, 우리는 모두 하나님 아래 인류 한 가족입니다. 우리가 그렇게 한다면, 우리는 지혜를 가지고, 번영할 수 있을 것입니다. 우리 아이들에게 존엄성과 나눔을 가르치면 전쟁이 사라질 것이라고 믿고 있습니다. 이것이 전쟁을 종식시킬 수 있는 유일한 방법일 것입니다.

이 자리에 함께해 주시고 제게 경청해 주신 여러분께 대단히 감사드립니다.

2017년 2월 3일
사키나 야쿠비 박사

Biography

Sakena Yacoobi
Afghan Educator

Born March 17, 1950 in Herat, Afghanistan

1977 Bachelor of Biology, University of the Pacific (California, USA)

1981 Master's Degree in Public Health, Loma Linda University (California, USA)

2008 Honorary Doctorate of Humanitarian Service, Loma Linda University

2010 Honorary Doctorate of Education from Santa Clara University

2013 Honorary Doctor of Laws, Princeton University

Professional Background

1982-Present	Established Creating Hope International (CHI) in Michigan, USA
1982-1991	Health Consultant
1989-1992	D Etre University (Michigan, USA)
1992-1995	International Rescue Committee (IRC) women's education and teacher training program
1995-Present	Founder and President of Afghan Institute of Learning (AIL)
2007-Present	Founded four "Professor Sakena Yacoobi Private School" facilities in Kabul and Herat, Afghanistan (K-12), the "Professor Sakena Yacoobi Private Hospital and Clinic" and Radio Meraj 94.1FM

Major Awards

2004	Women's Rights Prize (Peter Gruber Foundation)
2005	Nominated for the Nobel Peace Prize
2005	Democracy Award (National Endowment for Democracy)
2013	Opus Prize (Opus Prize Foundation)
2015	World Innovation Summit for Education Prize (Qatar Foundation)
2017	Sunhak Peace Prize (Sunhak Peace Prize Foundation)

사키나 야쿠비
아프가니스탄 교육가

1950. 아프가니스탄 헤라트 출생
1977. 퍼시픽 대학생물학 학사 (미국 캘리포니아)
1981. 로마린다 대학 공중 보건학 석사 (미국 캘리포니아)
2008. 로마린다 대학 명예 인도주의서비스 박사 (미국 캘리포니아)
2010. 산타 클라라 대학 명예 교육 박사 (미국 캘리포니아)
2013. 프린스턴 대학 명예 법학 박사 (미국 뉴저지)

주요 경력
1982-현재   '국제희망창조 (CHI: Creating Hope International)'
            단체 설립 (미국 미시간주)
1982-1991   보건 컨설턴트
1989-1992   디터 대학교 교사 (미국 미시간주)
1992-1995   국제구호위원회 (IRC) 소속으로 파키스탄 난민촌에서
            여성 교육 및 교사 교육 담당
1995-현재   아프간학습연구소 (AIL) 설립 및 대표
2007-현재   아프가니스탄 카불과 헤라트에 사립학교 4개 설립 (유치원-12학년까지),
            개인병원과 진료소 설립, 라디오 방송국 Meraj 94.1FM 설립

수상 경력
2004   그루버 여성 인권상 (피터 그루버 재단)
2005   노벨평화상 후보로 지명
2005   민주주의상 (미국 정부, 민주주의를 위한 국가기금)
2013   오프스상 (오프스상 재단)
2015   와이즈상 (WISE: World Innovation Summit for Education, 카타르 재단)
2017   선학평화상 (선학평화상 재단)